Guia Suno
de Contabilidade
para Investidores

TIAGO REIS & JEAN TOSETTO

Guia Suno de Contabilidade para Investidores

Conceitos contábeis fundamentais para quem investe na Bolsa

São Paulo | 2019

SUMÁRIO

A missão da Suno Research [7]

Contabilizar é fundamental [10]

I – Introdução [12]
Faça amizade com a matemática [12]
Contabilidade e sua importância [13]
Divulgação de informações [15]
Convergência contábil [19]
Demonstrações financeiras [21]
Análise dos resultados [23]

II – Balanço patrimonial [25]
Estrutura – BP [25]
Ativo [27]
Passivo [31]
Patrimônio líquido [34]
Análise – BP [34]

III – Demonstração do resultado do exercício [43]
Estrutura – DRE [43]
Regime de competência [51]
Análise – DRE [52]

IV – Demonstração do fluxo de caixa [57]
Estrutura – DFC [57]
Regime de caixa [59]

Método direto *versus* método indireto [61]
Análise – DFC [62]

V – Indicadores de desempenho [66]
Papel dos indicadores [66]
Indicadores de produtividade [68]
Indicadores de rentabilidade [68]
Indicadores de eficiência [69]
Indicadores financeiros [71]
Indicadores socioambientais [73]

VI – Estudo de caso: PDG Realty [76]
Sobre a empresa – PDGR3 [76]
Balanço patrimonial – PDGR3 [77]
Demonstração do resultado do exercício – PDGR3 [82]
Demonstração do fluxo de caixa – PDGR3 [85]
Indicadores de desempenho – PDGR3 [89]
Conclusão – PDGR3 [92]

VII – Estudo de caso: Ambev [94]
Sobre a empresa – ABEV3 [94]
Balanço patrimonial – ABEV3 [95]
Demonstração do resultado do exercício – ABEV3 [100]
Demonstração do fluxo de caixa – ABEV3 [103]
Indicadores de desempenho – ABEV3 [106]
Conclusão – ABEV3 [110]

Glossário [112]

A MISSÃO DA SUNO RESEARCH

A cada geração, uma parte da humanidade se compromete a deixar o mundo um lugar melhor do que encontrou. Esse contingente populacional acredita que, para tanto, é preciso investir em inovações.

Foram as inovações promovidas pela humanidade, ora confundidas com descobertas, ora confundidas com invenções, que nos tiraram da Idade da Pedra e nos colocaram no olho do furacão da Era Digital.

Nos últimos séculos, quase todas as inovações científicas e tecnológicas foram difundidas pelas instituições empresariais, sejam elas privadas ou públicas, sejam elas visando lucros ou não.

Grande parte das empresas que promoveram inovações recorreu ao mercado de capitais para obter financiamentos para os seus projetos. Essa premissa continua válida.

Os países onde os mercados de capitais são mais desenvolvidos concentram também as empresas mais inovadoras do planeta. Nos Estados Unidos, milhões de pessoas investem suas economias nas Bolsas de Valores.

Grande parte dos norte-americanos obtém a independência financeira, ou o planejamento da aposentadoria, associando-se com grandes empresas que movimentam a economia global.

São bombeiros, advogados, professoras, dentistas, zeladores, ou seja, profissionais dos mais variados tipos que se convertem em investidores, atraindo empreendedores de várias origens, que encontram dificuldades de empreender em sua terra natal.

No Brasil, o mercado de capitais ainda é muito pequeno perto de sua capacidade plena. Menos de meio por cento da população brasileira economicamente ativa investe por meio da Bolsa de Valores de São Paulo.

A missão da Suno Research é justamente promover a educação financeira de milhares de pequenos e médios investidores em potencial.

Como casa independente de pesquisas em investimentos de renda variável, a Suno quer demonstrar que os brasileiros podem se libertar do sistema público de previdência, fazendo investimentos inteligentes no mercado financeiro.

O brasileiro também pode financiar a inovação, gerando divisas para seu país e se beneficiando dos avanços promovidos pela parceria entre investidores e empreendedores.

O investidor brasileiro em potencial ainda tem receio de operar em Bolsa. Vários são os mitos sobre o mercado de capitais, visto como um ambiente restrito aos especialistas e aos mais endinheirados.

A facilidade para realizar aplicações bancárias – embora pouco rentáveis – e os conflitos de interesse de parte das corretoras de valores, que fornecem análises tendenciosas de investimento visando comissões com transações em excesso, são fatores que também distanciam muita gente do mercado financeiro nacional.

Como agravante, a Suno tem em seu segmento de atuação empresas que fazem um jogo publicitário pesado, oferecendo promessas de enriquecimento que não se comprovam na realidade. Não existe enriquecimento rápido; tal possibilidade ocorre no longo prazo.

Por meio de seus artigos, análises de empresas e fundos imobiliários, vídeos, cursos e agora também livros, a Suno vem para iluminar a relação do brasileiro com o mercado de capitais, que, se não tem a solução para todos os problemas, é parte do esforço da humanidade para deixar este mundo melhor, por meio de investimentos em valores monetários, morais e éticos.

CONTABILIZAR É FUNDAMENTAL

O objetivo do *Guia Suno Contabilidade* não é fazer de você um profissional da área. Os cursos universitários de Ciências Contábeis duram em média quatro anos e habilitam o estudante formado a atuar como contador registrado no Conselho Regional de Contabilidade, após exame de suficiência.

Igualmente, este livro não tem a missão de tornar um empreendedor autossuficiente em Contabilidade, pois o completo entendimento do conteúdo exposto não o dispensará de contratar um contador para sua empresa.

Este livro é direcionado primordialmente aos investidores na condição de pessoa física que almejam maior segurança para desenvolver suas análises de investimentos no mercado de capitais. Ele também serve para empresários que desejam dialogar em melhores condições com seus auxiliares, quando o assunto for Contabilidade.

Tanto um investidor quanto um empreendedor que não tenham noções básicas de leitura e interpretação de documentos financeiros como Balanços Patrimoniais (BP), Demonstrações dos Resultados dos Exercícios (DRE) e Demonstrações de Fluxos de Caixa (DFC) serão forçados a confiar plenamente nos serviços que fornecem análises sobre investimentos ou nos profissionais que realizam a contabilidade do negócio em questão.

Portanto, este livro tem como principal objetivo proporcionar maior independência para investidores e empreendedores tomarem as próprias decisões, depois de fundamentarem melhor as próprias análises.

Isto não significa que devam se isolar dos demais atores do mercado. Consultar casas de análises sobre investimentos continuará sendo válido. Eventualmente, contratar consultores também. Porém, até para validar os argumentos de terceiros, saber ler e interpretar documentos financeiros é fundamental, bem como tirar deles os principais indicadores de desempenho das empresas a serem estudadas.

No *Guia Suno Contabilidade* apresentamos justamente os principais conceitos relativos aos documentos financeiros que as empresas de capital aberto na Bolsa de São Paulo devem divulgar após cada encerramento de trimestre contábil.

Para tanto, nos valemos de exemplos reais para compor as ilustrações das páginas a seguir. Para facilitar o entendimento delas, recomendamos que o leitor também baixe os arquivos das empresas citadas, por meio do *site* de Relações com Investidores de cada empresa, ou por meio da própria página da Bolsa de São Paulo, a nova B3, na Internet. Os documentos citados encontram-se disponíveis, ainda, no *site* da CVM – Comissão de Valores Mobiliários.

Encerramos o livro apresentando dois estudos de casos: o primeiro da construtora PDG, em recuperação judicial no momento em que foi feita a sua análise; e o segundo da Ambev, símbolo de eficiência e boa gestão no mercado financeiro brasileiro. Com isso, o leitor terá bons parâmetros de comparação para estudar qualquer empresa de capital aberto.

- Os autores

I
INTRODUÇÃO

"Quando compro uma ação, penso como se estivesse comprando uma empresa inteira, exatamente como se estivesse adquirindo uma loja. Se eu fosse comprar a loja, iria querer saber tudo sobre ela."

- Warren Buffett

FAÇA AMIZADE COM A MATEMÁTICA

No Brasil, temos milhões de apostadores semanais nas loterias promovidas pelo governo, mas apenas algumas centenas de milhares de investidores com o CPF inscrito na Bolsa de Valores.

Um dos mitos mais difundidos, que afasta a maioria absoluta da população economicamente ativa do mercado de capitais, é que a matemática financeira é complicada demais. Parece mais fácil escolher números aleatoriamente e contar com a sorte para ser premiado.

A verdade é que, se é muito difícil ou quase improvável que alguém fique milionário apostando durante toda uma vida na loteria, é altamente possível que alguém enriqueça investindo com inteligência no mercado financeiro, desde que sejam aplicados conhecimentos baseados em análises fundamentalistas.

Tais análises passam necessariamente pela contabilidade das empresas de capital aberto. É a matemática entrando novamente no caminho. Mas se trata de uma matemática elementar – e o que é elementar não é para ser difícil.

Difícil é fazer um estudo aprofundado sobre física quântica. Difícil é escrever um artigo científico embasando ou refutando a

Teoria da Relatividade de Einstein. A matemática envolvida na contabilidade empresarial não é difícil – tanto é que estudá-la chega a ser entediante. Mas investidores conscientes não se importam com isso: eles não estão atrás de fortes emoções na Bolsa de Valores, mas em busca de retornos consistentes. Entediantemente consistentes.

O grande problema do nosso sistema educacional é que estudamos matemática na escola para passar de ano. Depois estudamos matemática para passar no vestibular. Alguns ainda estudam matemática para se formar na faculdade e outros para passar num concurso.

Fora aqueles bem aventurados que usam a matemática diretamente em suas profissões, a gente não aprende matemática para aplicá-la no dia a dia. Esse é o grande problema.

Então, quando perguntam se as pessoas têm alguma intenção de investir por meio da Bolsa de Valores, muitas ficam caladas. Passam reto. Mas não precisa ser assim.

Fique em paz: os conceitos abordados neste livro não são complexos, mas, se você não é uma pessoa apaixonada por matemática, lhe pedimos que, ao menos, seja alguém com disposição para fazer amizade com ela. Em retribuição, ela te ajudará muito.

CONTABILIDADE E SUA IMPORTÂNCIA

Existem duas grandes correntes de pensamento que separam investidores de especuladores no mercado de capitais.

Operações especulativas de curto prazo, conhecidas como *day trade* (quando um ativo é comprado e vendido no mesmo dia) ou *swing trade* (quando um ativo é comprado e vendido em poucas semanas), costumam ser baseadas em **análises técnicas ou**

gráficas, por meio das evoluções das cotações dos papéis. Quem opera por esse modo tenta prever movimentações futuras a partir de tendências verificadas nos gráficos, que nem sempre se confirmam. O objetivo é prever uma margem de lucro para encerrar o negócio e, para tanto, a contabilidade das empresas é ignorada.

Investidores de longo prazo, porém, são mais alinhados com as **análises fundamentalistas** das empresas por trás das ações. Além de avaliar o perfil dos controladores e dos gestores do negócio, bem como o ramo de atuação e o porte das companhias, investidores criteriosos querem saber da saúde financeira delas: se são lucrativas no curto, médio ou longo prazo; se estão com dívidas controladas ou não; se possuem capital de giro suficiente para atravessar períodos de crise e uma série de outros fatores que somente a leitura de documentos contábeis pode fornecer.

Investidores que seguem as análises fundamentalistas se valem das informações colhidas em documentos contábeis como fator importante na tomada de decisões. Baseando-se na saúde financeira de uma empresa, eles optam por investir nela, por meio da compra de suas ações, ou não. Eles podem emprestar, ou não, dinheiro para as empresas, através das debêntures disponíveis no mercado.

Em outros casos, investidores que possuem ações de uma empresa outrora saudável podem considerar a venda dos papéis ao identificar o princípio de um declínio nos fundamentos do negócio. A contabilidade avisa com certa antecedência quando é hora de deixar um empreendimento que já não trará mais os bons resultados.

Em função do grande contingente de especuladores atuando no mercado de capitais, pode acontecer de uma empresa possuir ótimos indicadores fundamentalistas, mas estar com o preço da ação severamente descontado. Nessas situações se abre o critério da oportunidade para investidores de valor, ou seja, aqueles que praticam o *Value Investing*.

No longo prazo, a tendência é que o preço da ação de uma empresa saudável acompanhe o seu valor intrínseco. Portanto, no processo de tomada de decisão, devemos levar em consideração todos os fundamentos que compõem o desempenho de uma empresa.

Afinal de contas, são estes fundamentos que irão determinar o valor do ativo no longo prazo. Para tanto, a contabilidade é considerada a língua dos negócios, pois transmite informações das quais podemos extrair praticamente tudo a respeito de um empreendimento: se está crescendo ou está em declínio, se está saudável ou em dificuldade financeira.

DIVULGAÇÃO DE INFORMAÇÕES

Resultados trimestrais

As empresas fornecem seus conjuntos de resultados econômicos e financeiros por meio de demonstrações contábeis. Porém, quando uma empresa possui capital aberto, ela deve obrigatoriamente divulgar suas demonstrações no final de cada exercício social, conforme a Lei Federal nº 6.404/76, que dispõe sobre as Sociedades por Ações, da qual recomendamos especialmente a leitura dos artigos 175 a 188, disponíveis no *link* a seguir:

http://www.planalto.gov.br/ccivil_03/leis/L6404compilada.htm

Deste modo, as demonstrações são compiladas em um relatório denominado ITR – Informações Trimestrais –, podendo ser facilmente encontrados nas páginas de Relação com Investidores (RI) das empresas na Internet, bem como no *site* da CVM – Comissão de Valores Mobiliários e no *site* BM&FBOVESPA, a Bolsa de Valores de São Paulo convertida em B3 – Brasil Bolsa Balcão após a fusão com a CETIP em março de 2017.

Acessamos os três caminhos em março de 2018, para demonstrar como pode ser simples obter os relatórios de ITR, usando como exemplo a Ambev – cujas ações ordinárias são negociadas na B3 com o código ABEV3.

O *site* da B3 (http://www.b3.com.br/pt_br/) disponibiliza acesso rápido às empresas listadas, devendo ser digitado o nome da empresa desejada.

No caso, fomos encaminhados para a página da Ambev S.A. no *site* da B3 – logo abaixo de sua denominação há a opção para acessar os "Relatórios Estruturados", onde ficam disponíveis as Informações Trimestrais e as Demonstrações Financeiras Padronizadas mais recentes.

Já no *site* da CVM (http://www.cvm.gov.br/) acessamos a opção "Central de Sistemas" e fomos encaminhados para o *link* a seguir: http://sistemas.cvm.gov.br/

Clicamos, então, em "Informações sobre Companhias". O *link* para "Informações periódicas e eventuais (ITR, DFs, Fatos Relevantes, Comunicados ao Mercado, entre outros)" é o primeiro de cima para baixo. Digitamos o nome da Ambev e clicamos em "Continuar". Duas opções surgiram na tela e escolhemos a denominação que está ativa: "AMBEV S.A." – onde uma série de informações foi disponibilizada.

Clicamos em "ITR" e a opção para *download* dos relatórios mais recentes se apresentou. Clicamos na opção mais recente e um arquivo compactado (.zip) foi baixado, reunindo uma série de documentos em padrão XML.

Por fim, acessamos o *site* da Ambev (https://www.ambev.com.br/).

ambev

Resultado do Quarto Trimestre e do Ano de 2017
1 de março de 2018
Pág. 1

AMBEV DIVULGA RESULTADO DO QUARTO TRIMESTRE E DO ANO DE 2017 EM IFRS

São Paulo, 1 de março de 2018 – Ambev S.A. [B3: ABEV3; NYSE: ABEV] anuncia hoje os resultados do quarto trimestre de 2017 (4T17) e do ano de 2017. As informações operacionais e financeiras a seguir, exceto quando indicado o contrário, são apresentadas em reais nominais, de acordo com os critérios do padrão contábil internacional (IFRS) e devem ser lidas em conjunto com os relatórios financeiros do período findo em 31 de dezembro de 2017 arquivados na CVM e apresentados à SEC.

Destaques Operacionais e Financeiros

Receita Líquida (ROL): Nossa receita líquida apresentou sólido aumento de 14,7% no 4T17, impulsionada por crescimento em todas as nossas operações: Brasil (+13,8%), América Latina Sul (LAS) (+22,6%), América Central e Caribe (CAC) (+15,0%) e Canadá (+1,3%). No Brasil, os volumes cresceram 2,9%, enquanto a receita líquida por hectolitro (ROL/hl) aumentou 10,7%. Na LAS, os volumes cresceram sólidos 5,8% e a ROL/hl subiu 15,9%. Na CAC, a ROL/hl cresceu 8,3% e, enquanto o volume cresceu organicamente 4,3%, o volume reportado aumentou 30,1%, como resultado da troca de ativos realizado com a Anheuser-Busch InBev SA (ABI) e nossas operações no Panamá. E, no Canadá, a queda de volume de 0,7% foi mais do que compensada por um aumento da ROL/hl de 1,9%.

No resultado do ano, a receita líquida aumentou 9,6%, impulsionada por um crescimento no Brasil (+5,6%), na LAS (+26,1%) e na CAC (+8,8%) junto com um desempenho estável no Canadá (+0,2%). No consolidado, o volume aumentou 0,9% e a ROL/hl cresceu 8,5%.

Custo dos produtos vendidos (CPV): No 4T17, nosso CPV e o CPV excluindo depreciação e amortização aumentaram, respectivamente, 9,3% e 10,3%. Em uma base por hectolitro, o CPV aumentou 5,6% e o CPV excluindo depreciação e amortização cresceu 6,6%. No resultado do ano, nosso CPV e o CPV excluindo depreciação e amortização aumentaram 13,4% e 14,2%, respectivamente. Em uma base por hectolitro, o CPV aumentou 12,2% e o CPV excluindo depreciação e amortização cresceu 13,0%, principalmente devido ao câmbio desfavorável no Brasil e na LAS.

Despesas com vendas, gerais e administrativas (SG&A): No 4T17, o SG&A e o SG&A excluindo depreciação e amortização aumentaram 15,7% e 15,1%, respectivamente, principalmente devido a maiores despesas administrativas. No ano, o SG&A e o SG&A excluindo depreciação e amortização aumentaram 6,1% e 6,3%, respectivamente, em linha com a inflação média ponderada dos países em que operamos (aproximadamente 6,1%).

EBITDA, Margem Bruta e Margem EBITDA: O EBITDA ajustado foi de R$ 7.296 milhões (+22,0%) no trimestre, com uma expansão da margem bruta e da margem EBITDA em 170 pontos-base e 290 pontos-base, respectivamente. No resultado do ano, o EBITDA foi de R$ 20.148 milhões (+7,9%), com contração da margem bruta e da margem EBITDA em 150 pontos-base e 70 pontos-base, respectivamente.

Lucro líquido, Lucro líquido ajustado e LPA: Nosso lucro líquido chegou a R$ 3.299 milhões no trimestre, 31,7% menor do que no 4T16, enquanto ajustado por itens não recorrentes, o lucro líquido cresceu 23,2%, atingindo R$ 4.506 milhões. No ano, o lucro líquido diminuiu 40,0% para R$ 7.851 milhões, enquanto ajustado pelos itens não recorrentes, o lucro líquido aumentou 2,1% para R$ 12.200 milhões, com o crescimento do EBITDA e a redução de despesas financeiras parcialmente impactados por uma maior alíquota efetiva de impostos. O lucro por ação foi de R$ 0,47 e o lucro por ação ajustado foi de R$ 0,74 no ano todo.

Fluxo de caixa operacional e CAPEX: O fluxo de caixa das atividades operacionais chegou a R$ 8.901 milhões no trimestre e a R$ 17.874 milhões no ano, o que representa um aumento de 44,8% quando comparado ao resultado de 2016. Os investimentos em CAPEX totalizaram R$ 1.166 milhões no trimestre e R$ 3.204 no ano, diminuindo 22,5% ano contra ano.

Pay-out e disciplina financeira: Em 2017, retornamos aos nossos acionistas R$ 8.482 milhões em dividendos e juros sobre capital próprio. Em 31 de dezembro de 2017, nossa posição líquida de caixa era de R$ 7.812 milhões.

Reprodução parcial da página 25 do relatório ITR da Ambev S.A. no 3º trimestre de 2017.

No rodapé da página inicial há um *link* para investidores que conduz ao *site* de RI da empresa: http://ri.ambev.com.br/

Aqui cabe uma observação: cada empresa de capital aberto desenvolve suas páginas de Relações com Investidores de modo distinto. Algumas são mais amigáveis do que outras. No caso da Ambev, as informações são claras e de fácil navegação.

17

No "*kit* do investidor" encontramos facilmente o *link* para o ITR mais recente. Desta vez a pasta compactada trazia um arquivo em PDF, bem mais fácil de acessar por qualquer dispositivo.

Vale notar que, por vezes, no *site* de RI das empresas já ficam disponíveis informações sobre o trimestre mais recente e que ainda não foram publicadas pela B3 e CVM, cujos prazos-limite de divulgação envolvem o conjunto do mercado de capitais.

As informações dessa empresa são confiáveis?

Dizem que os números não mentem, mas dizem também que eles podem ser maquiados. Essa possibilidade existe nas demonstrações contábeis das empresas com capital aberto? Sim, não podemos ser ingênuos. Mas números maquiados deixam rastros e, por isso, é muito difícil que uma empresa recorra a esse expediente se ela deseja preservar sua credibilidade.

Para começar, as demonstrações contábeis dessas empresas são auditadas por consultorias independentes, antes das publicações. Os auditores independentes homologados, sejam pessoas físicas ou jurídicas, são todos registrados na CVM, que também exerce papel fiscalizador, visando proteger a comunidade de investidores no Brasil.

Além disso, o BACEN (Banco Central) e o CFC (Conselho Federal de Contabilidade) exercem papel fundamental para assegurar a confiabilidade dos documentos financeiros das empresas, ao verificar se as demonstrações preparadas pela administração de cada uma representam a sua real posição patrimonial e financeira.

Dada a completa regulamentação do mercado, são raros os incidentes envolvendo alterações nos dados contábeis apresentados pelas empresas, que são punidas severamente em casos de fraudes contábeis.

CONVERGÊNCIA CONTÁBIL

Normas internacionais de contabilidade

Até a década de 1960, havia pouca ou nenhuma normatização internacional sobre a publicação de relatórios financeiros que as empresas deveriam seguir. Cada país adotava padrões específicos com maior ou menor grau de exigência.

Com as progressivas regulamentações dos mercados de capitais e o aumento das relações comerciais entre países, as entidades profissionais de contabilidade dos principais países europeus, além de Estados Unidos, México e Japão, criaram o IASC – International Accounting Standards Committee (Comitê de Normas de Contabilidade Internacional), visando instituir um padrão de normas contábeis que pudesse ser aceito internacionalmente. A partir do IASC, em 1997 surge o SIC – Standing Interpretations Committee (Comitê Permanente de Interpretação), cuja denominação é alterada para IFRIC – International Financial Reporting Interpretations Committee (Comitê de Interpretação de Relatórios Financeiros Internacionais) em 2001.

Dentre todos os sistemas analisados pela entidade, as referências mais adequadas foram encontradas na Alemanha e Canadá, que paulatinamente serviram de referência para os demais países que adotaram as normas internacionais da IFRS – International Financial Reporting Standards (Normas Internacionais de Relatórios Financeiros), inclusive o Brasil. Deste modo, a junção das normas contábeis contribuiu para a vinda de multinacionais ao mercado brasileiro, bem como proporcionou maior atração de investimentos internacionais pelo país.

Da página da IFRS na Internet (http://www.ifrs.org/) destacamos a seguinte frase, traduzida livremente para o português:

"Nossa missão é desenvolver padrões de IFRS que trazem transparência, responsabilidade e eficiência aos mercados financeiros em todo o mundo. O nosso trabalho atende ao interesse público, promovendo a confiança, o crescimento e a estabilidade financeira em longo prazo na economia global."

De fato, os países que adotam as recomendações da IFRS promovem melhor comparabilidade entre as diversas opções para investimentos em países distintos, maior confiabilidade nas demonstrações contábeis das empresas de capital aberto, maior transparência dos indicadores fundamentalistas e sensível redução de custos para gerar as informações necessárias.

Argentina, Índia e Estados Unidos ainda estão entre os países em processo de adoção das normas da IFRS, que, ao analisar os

padrões vigentes nos Estados Unidos ainda na década de 2000, constatou que o país, ao lado do Reino Unido, era o que mais necessitava de adaptações nesse sistema.

Ao menos no caso das normas contábeis, os norte-americanos estão mais flexíveis, uma vez que eles ainda insistem em guiar carros com velocímetros que marcam milhas por hora, usam polegadas ao invés de centímetros e medem a temperatura em graus Fahrenheit no lugar de graus Celsius – sistemas de medição pouco práticos e em desuso no restante do planeta.

DEMONSTRAÇÕES FINANCEIRAS

São diversos os usuários das demonstrações financeiras e seus principais interesses são igualmente distintos.

Os acionistas portadores de ações ordinárias – que dão direito a voto nas assembleias e permitem ao investidor atingir um montante de ações suficiente para se tornar também um controlador da empresa – se valem das demonstrações financeiras para avaliar a gestão da diretoria, por exemplo. Lembrando que nem sempre gestores e controladores de uma empresa são as mesmas pessoas.

Os bancos e outras instituições de financiamento também recorrem aos documentos contábeis para analisar a capacidade de pagamento das empresas, que normalmente recorrem ao sistema bancário para promover o giro de capital dos negócios. As condições dos empréstimos – como a taxas de juros e os prazos adotados, ou mesmo a sua negativa – são determinadas em função da leitura correta dos relatórios por parte dos analistas bancários.

Os investidores, também conhecidos como acionistas minoritários, ou ainda os portadores de ações preferenciais, se valem das demonstrações financeiras para avaliar a lucratividade da empresa. Aqueles que adotam a estratégia de comprar papéis para abraçar, visando receber os dividendos, bem como aqueles que priorizam o crescimento das ações, têm nos documentos contábeis os referenciais para uma decisão racional.

Já os clientes da empresa estão mais interessados na capacidade desta de entregar os produtos ou serviços contratados para, no caso de revenda, determinar as próprias margens de lucro, por exemplo.

Na outra ponta do negócio, os fornecedores também querem acesso aos dados contábeis da empresa, para que possam determinar a concessão de crédito para vendas a prazo.

Internamente, os funcionários mais engajados também podem acompanhar o andamento da empresa e, caso ela tenha um programa de PLR (Participação nos Lucros e Resultados), eles poderão saber se as condições oferecidas estão satisfatórias.

Já o governo poderá acessar as demonstrações financeiras das empresas, interessado na formalização das contas e na capacidade de pagamento dos tributos estipulados, servindo-lhe de auxílio em políticas de isenção ou aumento de impostos em determinados setores da economia.

Por fim, os concorrentes também se valem dos documentos contábeis, para desenvolver estudos de comparação de desempenho que subsidiem estratégias reativas ou de defesa de posições.

O que mostram as demonstrações financeiras?

As demonstrações financeiras das empresas que seguem as leis brasileiras e as normas da IFRS são compostas por três documentos principais: o Balanço Patrimonial, a Demonstração do Resultado do Exercício – DRE e a Demonstração do Fluxo de Caixa – DFC.

O **Balanço Patrimonial** de uma empresa descreve a sua situação econômica e financeira, revelando onde ela investe seus recursos e como obtém financiamento para suas operações. Por meio desse documento, podemos analisar a capacidade da empresa de honrar seus compromissos.

Já a **Demonstração do Resultado do Exercício** – DRE explana o desempenho econômico e a eficiência de uma empresa, ao informar quanto é o seu faturamento, se a empresa dá lucro ou prejuízo, ou ainda com qual margem ela está operando.

Por fim, a **Demonstração do Fluxo de Caixa** – DFC refere-se ao desempenho financeiro da empresa, identificando como o caixa é gerado e também como o caixa é alocado.

É importante compreender que uma empresa lucrativa nem sempre tem um fluxo de caixa positivo, caso o lucro demore a ser realizado – quando o dinheiro entra no caixa. Por outro lado, empresas que tenham margens reduzidas, mas que recebam por seus produtos à vista, se mostrarão mais eficazes nas demonstrações, e assim por diante.

ANÁLISE DOS RESULTADOS

Ao final de cada divulgação trimestral, com base nas demonstrações financeiras, o mercado começa a construir indicadores de desempenho.

Os documentos contábeis coletados na B3, na CVM ou na página de RI das empresas alimentam *sites* como o Fundamentus (http://www.fundamentus.com.br/), que divulga gratuitamente os indicadores fundamentalistas mais utilizados pelos analistas.

Há também plataformas pagas e mais completas – como a Economatica (http://economatica.com/), que gera relatórios e gráficos complementares a partir dos dados divulgados.

Analistas da imprensa especializada no mercado financeiro, consultores diversos e casas de pesquisas independentes sobre investimentos, como a Suno Research (http://www.sunoresearch.com.br/), também se debruçam sobre os dados divulgados para tecer recomendações para seus leitores e clientes.

Os indicadores fundamentalistas têm o papel de subsidiar o processo decisório dos diversos agentes do mercado financeiro, por meio da comparação entre empresas competidoras num mesmo setor de atuação, por exemplo, ou internamente, quando os resultados mais recentes de uma empresa são postos diante dos resultados mais antigos.

Além dos indicadores, as demonstrações financeiras podem ser analisadas construindo uma **análise horizontal**, identificando a evolução dos elementos patrimoniais e de resultados ao longo do tempo; ou também construindo uma **análise vertical**, permitindo conhecer a participação relativa de cada elemento patrimonial e de resultados.

II
BALANÇO PATRIMONIAL

"Na contabilidade não importam os números, mas o que os números contam. É como as palavras. Não são as palavras. Mas as histórias que elas nos contam."

- Robert T. Kiyosaki

ESTRUTURA – BP

O Balanço Patrimonial é como uma fotografia da situação da empresa ao final do período de cada trimestre divulgado.

Essa analogia nos ajuda a compreender dois aspectos desse importante documento contábil. O primeiro versa sobre a arrumação do cenário e de seus personagens, antes de a foto ser tirada.

Por exemplo: a família está reunida numa festa de casamento. É permitido alongar a cauda do vestido da noiva, ajeitar a gravata do noivo, pentear o cabelo da madrinha e tirar a garrafa de espumante vazia das mãos do parente distante. O que não pode ser feito é uma pós-edição da fotografia: afinar a cintura da sogra, tirar a papada do padrinho e transformar o azulejo do salão de festas num painel de mármore italiano. Para o próprio casal, não faz sentido guardar uma foto adulterada no seu álbum de núpcias.

No caso das empresas, antes da publicação de um Balanço Patrimonial, é aceitável que seus controladores façam uma injeção de capital para deixar o caixa positivo, se com isso eles conseguirem uma linha de crédito com juros menores para financiar um novo projeto, por exemplo. Pode ser que, no dia seguinte, parte do mesmo capital seja retirada do caixa, como alguém que estava segurando a barriga na hora da foto.

O que a empresa não pode fazer é manipular os números depois de inseridos no Balanço Patrimonial. Uma dívida de curto prazo não pode ser lançada com prazo maior. Um empréstimo não pode ser lançado como lucro de uma operação. Não importa o tamanho da criatividade financeira para maquiar os números: a adulteração de um Balanço Patrimonial é uma grave fraude contábil.

O Balanço Patrimonial, como demonstração contábil, avalia a situação econômica e financeira da empresa. Por meio dele, podemos saber quais foram as principais origens de recursos de uma empresa. No caso da Ambev, citada no primeiro capítulo, a principal fonte de renda vem da produção e comercialização de bebidas em vários países da América Latina e no Canadá, com várias marcas de cervejas, refrigerantes e sucos.

O Balanço Patrimonial também informa como o dinheiro foi aplicado. Empresas lucrativas que recebem recursos à vista – como é o caso da Ambev, que paga seus fornecedores com prazos dilatados – podem investir seu capital no mercado financeiro. Mas, em outros casos, o dinheiro pode ser usado para o pagamento de dívidas, para o financiamento de novas operações e ainda para a distribuição de dividendos aos sócios.

Inclusive, a capacidade de pagar dívidas e oferecer retorno aos investidores fica evidenciada no Balanço Patrimonial.

Formato

Um Balanço Patrimonial é composto basicamente por três segmentos representados em colunas ou campos distintos.

A coluna do Ativo reúne o Ativo circulante e o Ativo não circulante. Já a coluna do Passivo agrupa o Passivo circulante e o Passivo não circulante. Por fim, temos o campo do Patrimônio Líquido, medido pelo resultado comparativo dos pesos do prato do Ativo e do prato do Passivo numa hipotética balança. O Patrimônio Líquido aponta o valor do Capital Social, a quantidade eventual de reservas da empresa e o montante dos lucros – ou prejuízos – acumulados.

O Balanço Patrimonial positivo é aquele no qual o prato do Ativo pesa mais que o prato do Passivo, uma vez que o Ativo é responsável pela geração de renda de uma empresa e o Passivo equivale aos compromissos relacionados com despesas.

Ativo	Passivo
Ativo circulante	Passivo circulante
	Passivo não circulante
Ativo não circulante	**Patrimônio Líquido**
	Capital Social Reservas Lucros Acumulados

$$A = P + PL$$

Na próxima página, a título ilustrativo, reproduzimos o Balanço Patrimonial da Natura Cosméticos S.A. publicado pela empresa referente ao segundo trimestre de 2017, com dados comparativos referentes ao quarto trimestre de 2016.

Os dados, expressos em milhões de reais (R$), serão visualmente mais fáceis de ler nas páginas a seguir, em colunas separadas.

ATIVO

O Ativo de uma empresa é composto pela somatória de seus bens, direitos e demais aplicações de recursos controlados pela companhia. Esses recursos são resultados de eventos passados, dos quais se espera que resultem em futuros benefícios econômicos para a empresa.

NATURA COSMÉTICOS S.A.

BALANÇOS PATRIMONIAIS LEVANTADOS EM 30 DE JUNHO DE 2017 E 31 DE DEZEMBRO DE 2016
(Em milhares de reais - R$)

ATIVOS	Nota explicativa	Controladora 06/2017	Controladora 12/2016	Consolidado 06/2017	Consolidado 12/2016
CIRCULANTES					
Caixa e equivalentes de caixa	5	37.815	61.431	649.817	1.091.470
Títulos e valores mobiliários	6	406.936	1.169.909	974.193	1.207.459
Contas a receber de clientes	7	721.775	828.221	939.884	1.051.901
Estoques	8	200.579	203.358	860.721	835.922
Impostos a recuperar	9	62.147	28.054	307.139	274.093
Imposto de renda e contribuição social		62.836	43.791	74.897	55.316
Partes relacionadas	28.1.	2.895	7.972	-	-
Instrumentos financeiros derivativos	4.2.	12.865	-	16.970	-
Outros ativos circulantes	12	153.142	228.629	233.357	286.739
Total dos ativos circulantes		1.660.990	2.571.365	4.056.978	4.802.900
NÃO CIRCULANTES					
Impostos a recuperar	9	34.207	32.252	282.161	280.634
Imposto de renda e contribuição social diferidos	10.a)	308.488	278.300	430.508	492.996
Depósitos judiciais	11	261.638	249.889	317.412	303.074
Outros ativos não circulantes	12	5.260	15.760	9.535	23.033
Total dos ativos realizável a longo prazo		609.593	576.201	1.039.616	1.099.737
Investimentos	13	2.463.521	2.104.217	-	-
Imobilizado	14	701.094	576.494	1.840.345	1.734.688
Intangível	14	502.744	508.549	800.970	784.254
		3.667.359	3.189.260	2.641.315	2.518.942
Total dos ativos não circulantes		4.276.952	3.765.461	3.680.931	3.618.679
TOTAL DOS ATIVOS		5.937.942	6.336.826	7.737.909	8.421.579

PASSIVOS E PATRIMÔNIO LÍQUIDO	Nota explicativa	Controladora 06/2017	Controladora 12/2016	Consolidado 06/2017	Consolidado 12/2016
CIRCULANTES					
Empréstimos, financiamentos e debentures	15	1.836.436	1.437.203	2.324.833	1.764.488
Fornecedores e outras contas a pagar	16	241.956	268.080	867.375	814.939
Fornecedores - partes relacionadas	28.1.	215.203	242.083	-	-
Salários, participações nos resultados e encargos sociais		104.609	103.250	208.233	208.114
Obrigações tributárias	17	675.600	636.225	743.665	972.109
Imposto de renda e contribuição social		52.873	50.998	99.170	103.322
Dividendos e juros sobre o capital próprio a pagar	20.b)	-	79.739	-	79.739
Instrumentos financeiros derivativos	4.2.	-	69.864	-	73.502
Outras obrigações		128.181	94.298	231.219	161.686
Total dos passivos circulantes		3.254.858	2.981.740	4.474.495	4.177.899
NÃO CIRCULANTES					
Empréstimos, financiamentos e debentures	15	930.993	2.025.484	1.281.453	2.625.683
Obrigações tributárias	17	167.433	180.490	194.858	237.513
Imposto de renda e contribuição social diferido	10.a)	-	-	25.001	23.775
Provisão para riscos tributários, cíveis e trabalhistas	18	136.536	64.561	173.209	93.624
Outros passivos não circulantes	19	90.487	88.166	231.258	266.700
Total dos passivos não circulantes		1.325.449	2.358.701	1.905.779	3.247.295
PATRIMÔNIO LÍQUIDO					
Capital social	20.a)	427.073	427.073	427.073	427.073
Ações em tesouraria	20.c)	(33.422)	(37.149)	(33.422)	(37.149)
Reservas de capital		144.784	142.786	144.784	142.786
Reservas de lucros		1.019.296	666.815	1.019.296	666.815
Dividendo adicional proposto	20.b)	-	29.670	-	29.670
Ágio / deságio em transações de capital	20.g)	(92.066)	(92.066)	(92.066)	(92.066)
Ajustes de avaliação patrimonial		(108.030)	(140.744)	(108.030)	(140.744)
Total do patrimônio líquido		1.357.635	996.385	1.357.635	996.385
TOTAL DOS PASSIVOS E PATRIMÔNIO LÍQUIDO		5.937.942	6.336.826	7.737.909	8.421.579

* As notas explicativas são parte integrante das informações contábeis intermediárias

Entre os bens que uma empresa pode possuir, estão as máquinas de uma fábrica, os terrenos e edificações que compõem sua sede e suas eventuais filiais, os estoques de seus produtos ou da matéria-prima utilizada para a manufatura deles, o dinheiro em moeda viva, as ferramentas de produção, os computadores e os programas de informática instalados, os veículos automotores, entre outros itens.

Entre os direitos de uma empresa, podemos citar as contas a receber por parte de seus clientes e as dívidas a receber por parte de credores.

A empresa em questão também pode realizar aplicações de recursos em títulos e valores mobiliários disponíveis no mercado de capitais. É o caso das *holdings*, por exemplo.

Ativo circulante

O Ativo circulante equivale a todas as contas de liquidez imediata, ou que se convertem em dinheiro no curto prazo, que na contabilidade das empresas equivalem a menos de doze meses.

A composição do Ativo circulante se estrutura nos seguintes subgrupos:

1. *Caixa e equivalente de caixa* – montante de dinheiro disponível em papel na empresa ou depositado em contas correntes bancárias, assim como operações financeiras de resgate imediato, de volatilidade praticamente nula.

2. *Aplicações financeiras* – investimentos realizados pela empresa em produtos bancários ou títulos diversos com vencimento em menos de 360 dias.

3. *Contas a receber no curto prazo* – compreendidas como compromissos contraídos por clientes quando os negócios não

são realizados à vista, mas preveem um prazo inferior a um ano para o pagamento da transação. Estão nesse subgrupo, ainda, os impostos a recuperar.

4. *Estoque* – quantidade de produtos ou matéria-prima que a empresa utiliza na sua composição, além de insumos não duráveis necessários para manter a operação dos negócios.

Ativo não circulante

O Ativo não circulante responde por todos os valores cujos vencimentos ocorrerão no longo prazo, superior a doze meses.

Além da soma dos componentes realizáveis no longo prazo, o Ativo não circulante compreende também os bens permanentes de uma empresa, de modo que também podemos enumerar subgrupos:

1. *Realizável a longo prazo* – o que inclui vendas com valores a receber após um ano contábil.

2. *Imobilizado* – bens permanentes que a empresa não tem, *a priori*, a intenção de vender, como terrenos, edificações, máquinas, equipamentos, móveis, utensílios, veículos, ferramentas e outros.

3. *Investimentos* – considerados como participações e aplicações financeiras de prazo superior ao exercício contábil, usando capital excedente, ou seja, cuja falta não comprometa a manutenção das atividades primordiais da empresa.

4. *Intangível* – são bens de valor econômico, mas incorpóreos, que não podem ser vistos ou tocados, como marcas, patentes, *softwares*, direitos autorais, licenças, entre outros.

ATIVO	jun-17	dez-16
CIRCULANTES		
Caixa e equivalentes de caixa	649,8	1.091,5
Títulos e valores mobiliários	974,2	1.207,5
Contas a receber de clientes	939,9	1.051,9
Estoques	860,7	835,9
Impostos a recuperar	307,1	274,1
Imposto de renda e contribuição social	74,9	55,3
Instrumentos financeiros derivativos	17,0	0,0
Outros ativos circulantes	233,4	286,7
Total dos ativos circulantes	**4.057,0**	**4.802,9**
NAO CIRCULANTES		
Impostos a recuperar	282,2	280,6
Imposto de renda e contribuição social diferidos	430,5	493,0
Depósitos judiciais	317,4	303,1
Outros ativos não circulantes	9,5	23,0
Total dos ativos realizável a longo prazo	**1.039,6**	**1.099,7**
Imobilizado	1.840,3	1.734,7
Intangível	801,0	784,3
Total dos ativos não circulantes	**3.680,9**	**3.618,7**
TOTAL DO ATIVO	**7.737,9**	**8.421,6**

Reprodução parcial da página 19 do Comentário de Desempenho publicado pela Natura Cosméticos S.A. referente ao 2º trimestre de 2017, com a discriminação do Passivo e Patrimônio Líquido de seu Balanço Patrimonial, com dados em milhões de reais (R$) comparativos ao 4º trimestre de 2016.

PASSIVO

O Passivo é uma obrigação presente da entidade com terceiros – fornecedores, financiadores, governos, funcionários e mesmo clientes –, quando estes pagam antecipadamente por produtos e serviços ainda não entregues. Tais compromissos derivam de eventos já ocorridos: compras a prazo, tributos relacionados ao exercício fiscal, salários, entre outros.

Uma obrigação surge quando a empresa recebe benefícios ou serviços e se compromete, em troca, a pagar ao provedor um valor definido em uma ocasião futura.

Sempre que um empréstimo ou financiamento é tomado, o Passivo de uma empresa aumenta. O mesmo ocorre quando ela tem contas a acertar com seus fornecedores de materiais e mão de obra, por exemplo. Perdas judiciais, como as relacionadas com processos trabalhistas, também colaboram para encorpar o Passivo de uma entidade, assim como os salários devidos aos seus empregados, que pressupõem o pagamento de encargos sociais.

Para os investidores de longo prazo que se tornam parceiros das empresas de capital aberto, interessa que estas tenham dividendos a pagar. Aumento de Passivo para uns, fonte de renda para outros – não por acaso, denominada renda passiva.

Passivo circulante

O Passivo circulante é referente às obrigações de curto prazo, inferiores a doze meses ou um ano contábil. Nos Balanços Patrimoniais podemos identificar alguns subgrupos relativos a esse quesito, entre os quais:

1. *Empréstimos e financiamento de curto prazo* – muitas empresas recorrem ao dinheiro de terceiros, por intermédio de bancos ou vendas de títulos como debêntures, por exemplo.

2. *Fornecedores* – entre eles, as concessionárias de energia, água e telecomunicações, mas também aqueles que suprem as empresas com insumos necessários para a sua atividade.

3. *Impostos e taxas* – entre os quais destacamos os de retenção (IRF, COFINS, ICMS e PIS), além daqueles que devem ser pagos (ISS, CSLL, IRPJ), entre outros.

4. *Salários e encargos sociais* – cada trabalhador gera uma série de compromissos para uma empresa, desde a provisão para o 13º salário, passando pelo FGTS e chegando ao INSS.

PASSIVO E PATRIMÔNIO LÍQUIDO	jun-17	dez-16
CIRCULANTES		
Empréstimos, financiamentos e debentures	2.324,8	1.764,5
Fornecedores e outras contas a pagar	867,4	814,9
Salários, participações nos resultados e encargos sociais	208,2	208,1
Obrigações tributárias	743,7	972,1
Imposto de renda e contribuição social	99,2	103,3
Dividendos e juros sobre o capital próprio a pagar	0,0	79,7
Instrumentos financeiros derivativos	0,0	73,5
Outras obrigações	231,2	161,7
Total dos passivos circulantes	**4.474,5**	**4.177,9**
NAO CIRCULANTES		
Empréstimos, financiamentos e debentures	1.281,5	2.625,7
Obrigações tributárias	194,9	237,5
Imposto de renda e contribuição social diferidos	25,0	23,8
Provisão para riscos tributários, cíveis e trabalhistas	173,2	93,6
Outros passivos não circulantes	231,3	266,7
Total dos passivos não circulantes	**1.905,8**	**3.247,3**
PATRIMÔNIO LÍQUIDO		
Capital social	427,1	427,1
Reservas de capital	144,8	142,8
Reservas de lucros	1.019,3	666,8
Ações em tesouraria	(33,4)	(37,1)
Dividendo adicional proposto	0,0	29,7
Ágio / deságio em transações de capital	(92,1)	(92,1)
Ajustes de avaliação patrimonial	(108,0)	(140,7)
Total do patrimônio líquido	**1.357,6**	**996,4**
TOTAL DO PASSIVO E PATRIMÔNIO LÍQUIDO	**7.737,9**	**8.421,6**

Reprodução parcial da página 19 do Comentário de Desempenho publicado pela Natura Cosméticos S.A. referente ao 2º trimestre de 2017, com a discriminação do Patrimônio Líquido de seu Balanço Patrimonial, com dados em milhões de reais (R$) comparativos ao 4º trimestre de 2016.

5. *Dividendos a pagar* – ao ler atentamente o Balanço Patrimonial de uma empresa, o acionista pode estimar o recebimento futuro de proventos.

Passivo não circulante

Como pode ser deduzido, o Passivo não circulante de uma empresa se refere às suas obrigações de longo prazo, superior a doze meses ou um ano contábil.

Na seção do Balanço Patrimonial podemos identificar os seguintes subgrupos, entre outros:

1. *Empréstimos e financiamentos de longo prazo* – ocorrem quando a empresa solicita empréstimos de terceiros, como bancos e títulos.

2. *Impostos parcelados a pagar* – ocorrência nas quais as empresas devem um montante considerável que é negociado visando não comprometer sua saúde financeira.

3. *Contas a pagar no longo prazo* – compreendidas, por exemplo, em contratos de locação de equipamentos para uma obra, com duração superior a um ano contábil.

4. *Provisões diversas* – quando o departamento jurídico identifica que alguma causa na Justiça possa requerer o desembolso de capital, por exemplo.

PATRIMÔNIO LÍQUIDO

O Patrimônio Líquido (PL) é resultante da diferença entre o Ativo e o Passivo de uma empresa, representando os valores contabilizados pertencentes aos seus sócios.

Deste modo, o PL identifica os recursos próprios de uma empresa, sendo formado pelo capital investido pelos sócios – ou acionistas – mais os lucros gerados nos exercícios anteriores e que foram retidos na empresa.

De acordo com o artigo 178 da Lei das Sociedades por Ações – Lei nº 6.404/1976 revisada pela Lei nº 11.941/2009 –, o Patrimônio Líquido a ser expresso no Balanço Patrimonial deve ser *"dividido em capital social, reservas de capital, ajustes de avaliação patrimonial, reservas de lucros, ações em tesouraria e prejuízos acumulados".*

ANÁLISE – BP

Como interpretar o Balanço Patrimonial?

A interpretação de um Balanço Patrimonial é um trabalho inves-

PATRIMÔNIO LÍQUIDO

Capital social	427,1	427,1
Reservas de capital	144,8	142,8
Reservas de lucros	1.019,3	666,8
Ações em tesouraria	(33,4)	(37,1)
Dividendo adicional proposto	0,0	29,7
Ágio / deságio em transações de capital	(92,1)	(92,1)
Ajustes de avaliação patrimonial	(108,0)	(140,7)
Total do patrimônio líquido	**1.357,6**	**996,4**
TOTAL DO PASSIVO E PATRIMÔNIO LÍQUIDO	**7.737,9**	**8.421,6**

Reprodução parcial da página 19 do Comentário de Desempenho publicado pela Natura Cosméticos S.A. referente ao segundo trimestre de 2017, com a discriminação do Patrimônio Líquido de seu Balanço Patrimonial, com dados em milhões de reais (R$) comparativos ao quarto trimestre de 2016.

tigativo, no qual o mais importante no ponto de partida é fazer as perguntas certas, para depois buscar as respostas efetivas.

Se a repetição de conceitos servir para que estes sejam incorporados na mentalidade de quem os estuda, lembremos que o Ativo de um Balanço Patrimonial aglutina os bens e direitos de uma empresa, dos quais se espera que resultem futuros benefícios econômicos.

Já o Passivo responde pelo capital de terceiros, ao especificar as dívidas e obrigações das empresas com agentes financiadores, fornecedores e potencialmente os clientes, quando estes efetuam pagamentos de forma antecipada.

Por fim, cada empresa tem o seu capital próprio, traduzido num Balanço Patrimonial por meio do Patrimônio Líquido, que expressa o seu capital vigente, bem como suas reservas e lucros acumulados.

Se associarmos a ideia de Balanço Patrimonial com uma balança de fato, usada para medir pesos diversos, teremos por princípio que o prato do Ativo deve ter peso equivalente ao prato que comporta o Passivo e o Patrimônio Líquido – com a diferença fundamental de que, em contabilidade, o Balanço Patrimonial não é expresso em quilogramas, mas em moeda corrente.

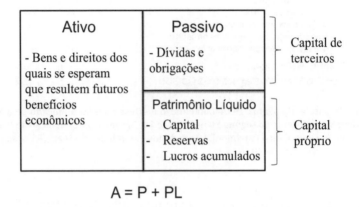

$$A = P + PL$$

Onde a empresa investe?

No roteiro de investigação de um bom investidor de valor, esta é a primeira pergunta a ser respondida: onde a empresa investe?

A resposta para essa questão se apoia em dois aspectos:

1. *Investimento em Capital de Giro (working capital)* – a ser identificado no Ativo circulante, nas contas a receber de clientes no curto prazo, no eventual adiantamento a fornecedores, além dos estoques.

2. *Investimento em Capital Fixo (Capex)* – valores identificados no Ativo não circulante, que compreende o capital imobilizado na empresa, como máquinas, edifícios, equipamentos, veículos, entre outros. Parte do Capex pode ser intangível, quando depositado em *softwares* e marcas, por exemplo.

Um fator determinante para avaliar a eficiência dos investimentos de uma empresa é compreender o seu ramo de atividade – se ela é uma indústria que fabrica embalagens, por exemplo; ou se atua no comércio com lojas de departamento; ou ainda se é uma prestadora de serviços que atua no ramo dos seguros, entre outras diversas atividades.

É importante saber se o seu processo de produção é longo ou rápido. Uma construtora leva meses ou até anos para entregar um empreendimento, ao passo que uma fabricante de bebidas entrega milhares de engradados diariamente.

Também devemos considerar se o produto da empresa em questão é durável ou não durável. Uma fabricante de eletrodomésticos entrega mercadorias relativamente duráveis, enquanto que um laboratório produz remédios para doenças crônicas de uso diário.

Finalmente, a estratégia de crescimento da empresa deve ser analisada: se ela faz aquisições de concorrentes, por exemplo, ou cresce de modo orgânico.

Atacadão S.A.
Resultados 2º trimestre 2017

CAPEX

Em Milhões de Reais	2T17	2T16	Δ	1S17	1S16	Δ
Expansão	215	160	34,1%	431	338	27,3%
Manutenção	76	89	-14,3%	118	146	-19,0%
Reformas de lojas	148	96	54,0%	204	147	39,0%
TI e outros	68	76	-9,5%	106	90	18,0%
Total	507	421	20,5%	859	722	19,0%

No 2T17, o Grupo Carrefour Brasil investiu R$507 milhões, aumento 20,5% sobre o mesmo período do ano anterior, dos quais 42% foi gasto em abertura de novas lojas e 29% em reformas. No 1S17, o capex total foi 19% maior e alcançou R$859 milhões, dos quais 50% foram investidos na expansão do negócio e 24% em reformas.

Reprodução parcial da página 9 do *Press Release* publicado pelo Grupo Carrefour Brasil referente ao 2º trimestre de 2017, com a discriminação do Capex, com dados em milhões de reais (R$) comparativos ao 2º trimestre de 2016, englobando dados comparativos entre os primeiros semestres de 2017 e 2016.

Ao analisar o Capex do Grupo Carrefour Brasil no segundo trimestre de 2017, veremos que a empresa investiu pesado na expansão das suas atividades, por meio da abertura de novas lojas.

Como sua rede de lojas é grande, seu custo de manutenção predial também é alto, sem contar a necessidade de reformas nas edificações, para manter a atratividade de um negócio que é altamente competitivo. Além disso, o Carrefour investe em Tecnologia da Informação para aperfeiçoar seus controles logísticos e de vendas.

Capital de Giro

No 2T17, a necessidade de capital de giro ajustada para o saldo de recebíveis descontados foi de R$477 milhões, comparado a uma necessidade de R$113 milhões em igual trimestre no ano anterior. Como percentual da receita bruta dos últimos 12 meses (LTM), a necessidade de capital de giro representou 2,0% das vendas, sem alteração, em relação ao ano anterior. Note que o saldo de antecipação de recebíveis de cartão de crédito subiu cerca de 48% ano contra ano no 2T17 para R$1.5 bilhão, como recurso para reforço de capital de giro uma vez que a companhia decidiu fazer um investimento estratégico aumentando a posição de estoques de não-alimentos, visando ampliar o sortimento destes produtos em função do forte desempenho de vendas do Varejo e do comércio eletrônico no trimestre. Adicionalmente, o prazo médio de pagamento de fornecedores aumentou em cinco dias comparado ao ano anterior. Todavia, considerando que parte dos recursos do IPO realizado em julho de 2017 serão destinados para reforço de capital de giro, a prática de antecipação de recebíveis de cartão de crédito tenderá a diminuir daqui em diante.

Em milhões de Reais	2T17	1T17	4T16	2T16
(+) Contas a Receber	855	689	901	534
(+) Estoques	4,768	4.612	4.751	4,071
(+) Impostos a Recuperar	439	277	280	476
(+) Outros Ativos	221	274	152	281
(+) Ativo Circulante	6,283	5,852	6,084	5,362
(-) Fornecedores	6,106	4,992	8,007	4,900
(-) Salários, Férias e Encargos	570	489	589	515
(-) Impostos a Pagar	297	291	369	532
(-) Receita Diferida	17	26	20	0
(-) Outras Contas a Pagar	318	417	373	318
(-) Passivo circulante	7,308	6,215	9,358	6,265
(=) Capital de giro	(1,025)	(363)	(3,274)	(903)
Receita Bruta (LTM)	51,058	49,945	49,102	45,917
% da Receita Bruta (LTM)	-1.9%	-0.5%	-6.3%	-1.9%
(+) Saldo de antecipação de cartão de cr	1,502	1,390	1,416	1,017
(=) Capital de giro incluindo antecipação de recebíveis	477	1,027	-1,858	113
% da Receita Bruta (LTM)	-2.0%	-0.7%	-6.7%	-2.0%

Reprodução parcial da página 8 do *Press Release* publicado pelo Grupo Carrefour Brasil referente ao 2º trimestre de 2017, com a discriminação do Capital de Giro, com dados em milhões de reais (R$) comparativos ao 2º trimestre de 2016, englobando dados comparativos entre os primeiros semestres de 2017 e 2016.

Atuando no setor de comércio e distribuição de alimentos, produtos de limpeza e utensílios domésticos, o Carrefour opera com pequena margem de lucro, necessitando de alto capital de giro.

Por isso, nos comentários dos resultados financeiros apresentados no segundo trimestre de 2017, a empresa fez questão de comentar que *"o prazo médio de pagamento de fornecedores aumentou em cinco dias comparado ao ano anterior. Todavia, considerando que parte dos recursos do IPO realizado em julho de 2017 serão destinados para reforço de capital de giro, a prática de antecipação de recebíveis de cartão de crédito tenderá a diminuir daqui em diante".*

Quando a margem de lucro é baixa, ganhar prazo adicional para pagar fornecedores permite à empresa reter capital por mais tempo.

A logística de uma empresa que vende produtos em grande parte perecíveis exige uma gestão altamente capacitada, uma vez que a maior parcela do seu Ativo circulante estará alocada nos estoques. Isso justifica o investimento em Tecnologia da Informação.

A estratégia de crescimento do Carrefour é tanto orgânica como baseada em aquisições, por isso os gastos com reformas de imóveis têm um peso considerável no Capex da empresa, pois repaginar lojas que antes pertenciam à concorrência é fundamental para fortalecer a marca.

Como a empresa se financia?

Esta é a segunda pergunta fundamental que um investidor de valor – também um investigador de bons negócios – deve fazer ao interpretar um Balanço Patrimonial: como a empresa se financia?

Novamente temos dois aspectos a considerar:

1. *Capital de terceiros (Passivo)* – é o dinheiro pertencente aos bancos que fazem empréstimos; aos fornecedores quando vendem a prazo; aos clientes que encomendam produtos ou serviços e pagam adiantado; aos funcionários quando recebem benefícios como férias e 13º salário de forma parcelada; e mesmo ao governo, quando fraciona o pagamento de impostos.

2. *Capital próprio (Patrimônio Líquido)* – são os recursos dos sócios ou acionistas, quando a empresa em questão abre o seu capital na Bolsa ou oferta novas ações no mercado; além dos lucros gerados e não distribuídos em função da acumulação de reservas.

Entre os fatores determinantes que o analista deve considerar estão a aversão ao risco por parte dos acionistas; a capacidade da empresa para gerenciar suas dívidas, bem como a sua estratégia de crescimento: se é alavancada ou conservadora.

A alavancagem ocorre quando a empresa opta por contrair dívidas para se expandir, ao passo que as empresas conservadoras optam pelo crescimento orgânico, a partir de recursos próprios.

Acima de tudo, devemos considerar se a empresa tem uma estrutura ótima de capital, quando esta consegue estabelecer uma política de captação de recursos de terceiros visando ao crescimento, sem sacrificar a sua operação.

Voltando ao Grupo Carrefour Brasil, ao analisar o seu Passivo do Balanço Patrimonial de junho de 2017, veremos que a empresa se financiava primordialmente com seus fornecedores, para depois depender do capital de instituições financeiras por meio de empréstimos, financiamentos e operações com cartões de crédito.

No que tange ao Capital próprio, o Patrimônio Líquido atribuído aos acionistas controladores era altamente concentrado. Ape-

Em Milhões de Reais	Junho 2017	Dezembro 2016
Passivo		
Fornecedores	6,106	8,007
Empréstimos e Financiamentos	3,004	645
Operação com cartão de crédito	3,215	3,042
Impostos a recolher	262	207
Imposto de renda e contribuição social	35	162
Obrigações trabalhistas	570	589
Dividendos a pagar	23	76
Receita diferida	17	20
Outras contas a pagar	291	293
Provisão para reestruturação	4	4
Instrumentos financeiros derivativos	-	276
Circulante	**13,527**	**13,321**
Empréstimos e financiamentos	1,804	3,394
Operações com cartão de crédito	43	38
Imposto de renda e contribuição social diferidos	484	399
Dividendos a pagar	67	85
Provisões	2,640	2,608
Receita diferida	13	14
Outras contas a pagar	3	20
Não circulante	**5,054**	**6,558**
Capital social	6,055	4,055
Reserva de capital	678	666
Reserva de lucros	1,061	3,061
Efeito líquido de aquisição de participação minoritária	(282)	(282)
Lucros acumulados	440	-
Ajuste de avaliação patrimonial	3	1
Patrimônio Líquido atribuído aos acionistas controladores	**7,955**	**7,501**
Participação de não-controladores	**971**	**948**
Total Passivo e Patrimônio Líquido	**27,507**	**28,328**

Reprodução parcial da página 13 do *Press Release* publicado pelo Grupo Carrefour Brasil referente ao 2° trimestre de 2017, com a síntese do Passivo e do Patrimônio Líquido do Balanço Patrimonial.

nas um nono do montante respondia pela participação de acionistas minoritários.

Estes, no entanto, ajudaram a empresa a depender menos das

operações de crédito, estruturando o seu crescimento de forma menos alavancada.

A julgar pela redução na distribuição de dividendos entre dezembro de 2016 e junho de 2017, apesar do aumento do Patrimônio Líquido, podemos concluir que o Carrefour é uma empresa que busca aumentar suas reservas de capital para estruturar seu crescimento de modo mais conservador.

III
DEMONSTRAÇÃO DO RESULTADO DO EXERCÍCIO

"Matemática – a inabalável base das ciências e a abundante fonte do progresso nos negócios humanos."

- Isaac Barrow

ESTRUTURA – DRE

Se o Balanço Patrimonial pode ser considerado uma fotografia da situação da empresa ao final de um trimestre contábil, é a Demonstração do Resultado do Exercício – DRE que conta a história desse período, como se fosse um filme.

A DRE representa uma formação dinâmica do resultado líquido do começo ao fim do trimestre, sendo usada para medir a eficiência do desempenho econômico, uma vez que permite uma análise dos resultados ligados diretamente à operação da empresa.

Entre os dados mais importantes apresentado numa DRE está o faturamento da empresa no referido trimestre. Em linhas gerais, o faturamento equivale à receita bruta obtida pela empresa com vendas de produtos ou prestação de serviços, ou eventualmente com a alienação de bens diversos.

Obviamente, a empresa tem custos de diversas naturezas para manter sua operação. A diferença entre o faturamento e tais custos representa as margens de lucro com as quais a empresa opera em seus segmentos de atuação.

O desempenho financeiro da empresa, resultante da diferença entre a receita do negócio e das suas despesas, leva em conta não apenas o faturamento, mas também fatores como lucratividade, rentabilidade, o *ticket* médio, os custos fixos, o nível de endividamento e a margem operacional do negócio.

É preciso salientar a diferença entre os conceitos de lucratividade e rentabilidade. A lucratividade é uma razão expressa em porcentagem, relacionando o lucro líquido e o faturamento da empresa no período estudado. Já a rentabilidade é um indicador apontado pela divisão do resultado líquido da empresa pela somatória dos seus ativos.

O *ticket* médio é obtido pela divisão do faturamento pelo número de vendas efetuadas no período em questão, podendo ser calculado de forma setorizada para determinar onde os gestores podem definir estratégias de aperfeiçoamento das atividades da empresa.

Uma DRE, por fim, aponta se o negócio em questão opera no lucro ou no prejuízo. A depender do nível de detalhamento do relatório que acompanha a DRE, em conjunção com uma leitura efetiva, é possível analisar quais produtos ou serviços são mais rentáveis para uma empresa e quais são mais custosos.

A partir de tais dados, gestores e investidores estarão mais amparados para tomar suas decisões, distribuindo mais ou menos recursos nas operações da empresa, conforme o potencial de cada uma.

Formato de uma DRE

Assim como um Balanço Patrimonial, a Demonstração do Resultado do Exercício de uma empresa brasileira com capital aberto também deve seguir os padrões regidos pelas normas internacionais da IFRS – International Financial Reporting Standards (Normas Internacionais de Relatórios Financeiros).

Em linhas gerais, uma DRE é apresentada em campos sobrepostos e ordenados de cima para baixo. O primeiro deles refere-se à **Receita Bruta**, que equivale ao faturamento da empresa, apresentando uma noção de seu porte.

A seguir, temos as despesas com o **Imposto sobre Receita**, que engloba o ICMS – Imposto Sobre Circulação de Mercadorias e Serviços, o PIS – Programa de Integração Social vinculado aos trabalhadores, a COFINS – Contribuição para o Financiamento da Seguridade Social, entre outras cobranças.

Na sequência, vem a **Receita Líquida**, que é a fonte de recursos obtida com vendas de produtos e serviços ofertados pela empresa em questão, sendo resultante da diferença entre a Receita Bruta e a dedução dos impostos citados anteriormente.

Abaixo teremos o **Custo dos Produtos Vendidos**, que são os valores empenhados para produzir, comprar ou prestar os serviços relacionados com a atividade empresarial.

A DRE deve apresentar também o **Lucro Bruto**, que significa a margem bruta obtida com a venda dos produtos e serviços, que pode ser entendido como a diferença entre o faturamento da empresa e o seu custo de produção.

Já as **Despesas com Vendas** podem englobar dois fatores: o marketing para divulgar os produtos e serviços da empresa e os custos para realizar a entrega das encomendas, que por sua vez compreendem aspectos de logística e distribuição.

Igualmente importantes são as **Despesas Administrativas** relacionadas com a diretoria, serviços de consultoria, departamentos financeiro, fiscal e contábil, além da manutenção da sede da empresa, entre demais custos correlatos.

Compreendendo que cada país – ou mesmo estado ou província

– tem a sua política fiscal que influencia a carga tributária, temos um indicativo de eficiência para termos de comparação entre empresas, presente em cada DRE. Trata-se do **EBIT** – *Earnings Before Interest and Taxes* (Ganhos Antes dos Juros e Impostos). Esse termo também é conhecido em português como **LAJIR** – Lucros Antes dos Juros e Imposto de Renda, o que se traduz ainda como o Lucro Operacional.

Documentos contábeis não são poemas, por isso o termo LAJIR está quase em desuso, pois ele rima com **LAIR** – Lucro Antes de Imposto de Renda – outro fator que deve constar numa DRE, para fornecer subsídios para a análise da competência da empresa em termos de planejamento tributário.

Finalmente, temos o **Lucro Líquido**, que é – ou deveria ser – o objetivo de toda empresa. A margem líquida apresentada na DRE indica claramente se a empresa em questão opera no lucro ou no prejuízo, configurando a base futura para distribuição dos dividendos.

= Receita Bruta

(-) Imposto sobre Receita

= Receita Líquida

(-) Custo Produtos Vendidos

= Lucro Bruto

(-) Despesas com Vendas

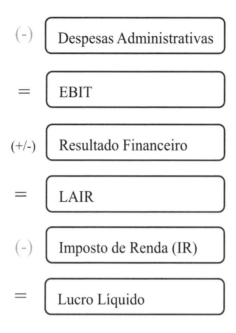

Nas páginas a seguir mostramos as duas formas de apresentação da DRE da Natura Cosméticos S.A. para o segundo trimestre de 2017. Primeiramente, temos o formato que segue as normas da IFRS, publicado originalmente no documento "Informações Contábeis Intermediárias Individuais e Consolidadas" – disponível tanto no *site* de RI da empresa quanto nos arquivos eletrônicos da B3 e da CVM.

Na sequência, os dados são apresentados numa estética menos sisuda, seguindo o padrão de comunicação da empresa, mesclando tabelas de dados com comentários dos próprios analistas da equipe de Relações com Investidores. Não por acaso, o documento que reúne a segunda versão da DRE da Natura para o segundo trimestre de 2017 é denominado "Comentário de Desempenho", igualmente disponível no *site* de RI da empresa.

Vale registrar que os termos para os indicadores apresentados na DRE guardam certa variação tanto na descrição dos termos como na ordem de apresentação, em relação ao roteiro apresentado nas páginas anteriores deste capítulo.

NATURA COSMÉTICOS S.A.

DEMONSTRAÇÕES DO RESULTADO
PARA OS PERÍODOS DE TRÊS E SEIS MESES FINDOS EM 30 DE JUNHO DE 2017 E DE 2016
(Em milhares de reais - R$, exceto o lucro líquido do período por ação)

	Nota explicativa	Controladora				Consolidado			
		01/04/2017 a 30/06/2017	01/04/2016 a 30/06/2016	01/01/2017 a 30/06/2017	01/01/2016 a 30/06/2016	01/04/2017 a 30/06/2017	01/04/2016 a 30/06/2016	01/01/2017 a 30/06/2017	01/01/2016 a 30/06/2016
RECEITA LÍQUIDA	22	1.401.539	1.445.071	2.619.627	2.625.584	2.025.819	2.025.658	3.754.426	3.715.359
Custo dos produtos vendidos	23	(546.086)	(530.243)	(1.039.737)	(986.248)	(605.303)	(638.488)	(1.125.241)	(1.159.305)
LUCRO BRUTO		855.453	914.828	1.579.890	1.639.336	1.420.516	1.387.170	2.629.185	2.556.054
(DESPESAS) RECEITAS OPERACIONAIS									
Despesas com Vendas, Marketing e Logística	23	(565.461)	(527.569)	(1.087.034)	(1.004.648)	(809.654)	(770.560)	(1.545.678)	(1.462.010)
Despesas Administrativas, P&D, TI e Projetos	23	(169.607)	(166.111)	(339.318)	(336.028)	(356.209)	(331.829)	(711.680)	(663.077)
Resultado de equivalência patrimonial	13	93.622	29.591	339.664	49.689	-	-	-	-
Outras receitas (despesas) operacionais, líquidas	26	(25.361)	(14.467)	(50.947)	(13.476)	(22.646)	(4.415)	157.413	3.326
LUCRO OPERACIONAL ANTES DO RESULTADO FINANCEIRO		188.646	236.272	442.255	334.873	232.007	280.366	529.240	434.293
Receitas financeiras	25	95.680	346.536	236.096	717.759	126.783	381.116	400.044	785.573
Despesas financeiras	25	(94.858)	(478.883)	(333.469)	(1.026.836)	(112.643)	(560.020)	(398.538)	(1.182.302)
LUCRO ANTES DO IMPOSTO DE RENDA E DA CONTRIBUIÇÃO SOCIAL		189.468	103.925	344.882	25.796	246.147	101.462	530.746	37.564
Imposto de renda e contribuição social	10.b)	(25.961)	(12.966)	7.599	(3.952)	(82.640)	(9.890)	(178.265)	(14.312)
LUCRO LÍQUIDO DO PERÍODO		163.507	90.959	352.481	21.844	163.507	91.572	352.481	23.252
ATRIBUÍVEL A									
Acionistas controladores da Sociedade		163.507	90.959	352.481	21.844	163.507	90.959	352.481	21.844
Não controladores		-	-	-	-	-	613	-	1.408
		163.507	90.959	352.481	21.844	163.507	91.572	352.481	23.252
LUCRO LÍQUIDO DO PERÍODO POR AÇÃO - R$									
Básico	27.1.	0,3799	0,2114	0,8191	0,0508	0,3799	0,2114	0,8191	0,0508
Diluído	27.2.	0,3795	0,2113	0,8183	0,0507	0,3795	0,2113	0,8183	0,0507

* As notas explicativas são parte integrante das informações contábeis intermediárias

Por isso, é interessante que o investidor novato, que deseja ser versátil na leitura de documentos contábeis, se familiarize com as apresentações de diversas empresas, e não apenas com aquelas que estejam no seu foco de estudo.

Coerentes com tal raciocínio, apresentamos também a DRE do Grupo Carrefour Brasil referente ao segundo trimestre de 2017, bem como parte do seu *Press Release* sobre o mesmo período.

(R$ milhões)	2T17	2T16
RECEITA LÍQUIDA	2.025,8	2.025,7
Custo dos produtos vendidos	(605,3)	(638,5)
LUCRO BRUTO	1.420,5	1.387,2
(DESPESAS) RECEITAS OPERACIONAIS		
Despesas com Vendas, Marketing e Logística	(809,7)	(770,6)
Despesas Administrativas, P&D, TI e Projetos	(356,2)	(331,8)
Outras receitas (despesas) operacionais, líquidas	(22,6)	(4,4)
LUCRO OPERACIONAL ANTES DO RESULTADO FINANCEIRO	232,0	280,4
Receitas financeiras	126,8	381,1
Despesas financeiras	(112,6)	(560,0)
LUCRO ANTES DO IMPOSTO DE RENDA E DA CONTRIBUIÇÃO SOCIAL	246,1	101,5
Imposto de renda e contribuição social	(82,6)	(9,9)
LUCRO ANTES DA PARTICIPAÇÃO DE NÃO CONTROLADORES	163,5	91,6
Não controladores	0,0	0,6
LUCRO LÍQUIDO ATRIBUÍVEL A	163,5	91,0
Acionistas Controladores da Sociedade	163,5	91,0
Não controladores	0,0	0,6
	163,5	91,6

Reprodução parcial da página 20 do Comentário de Desempenho publicado pela Natura Cosméticos S.A. referente ao 2º trimestre de 2017, com a Demonstração dos Resultados, com dados em milhões de reais (R$) comparativos ao 2º trimestre de 2016.

	2T17	2T16	06M17	06M16
MP / ME / PA*	79,7%	80,1%	79,0%	78,2%
Mão de Obra	10,6%	9,8%	11,1%	10,9%
Depreciação	2,9%	3,1%	3,1%	3,4%
Outros	6,8%	7,0%	6,8%	7,5%
Total	**100,0%**	**100,0%**	**100,0%**	**100,0%**

(*)Matéria Prima, Material de Embalagem e Produto Acabado

Reprodução parcial da página 12 do Comentário de Desempenho publicado pela Natura Cosméticos S.A. referente ao 2º trimestre de 2017, com o quadro dos principais componentes dos custos consolidados, em comparação com o 2º trimestre de 2016, além da comparação entre os primeiros semestres de 2017 e 2016.

Em Milhões de Reais	2T17	2T16	Δ%	1S17	1S16	Δ%
Vendas Brutas	12.829	11.717	9,5%	25.107	23.152	8,4%
Vendas Líquidas	11.702	10.751	8,8%	22.929	21.223	8,0%
Outras receitas	597	645	-7,4%	1.248	1.250	-0,2%
Receita Líquida Total	12.299	11.396	7,9%	24.177	22.473	7,6%
Custo das mercadorias	(9.812)	(9.101)	7,8%	(19.320)	(18.022)	7,2%
Lucro Bruto	2.487	2,295	8,4%	4.857	4.451	9,1%
Despesas com Vendas, Gerais e Adm	(1.665)	(1.499)	11,1%	(3.315)	(2.979)	11,3%
Depreciação e Amortização	(161)	(137)	17,5%	(319)	(282)	13,0%
Equivalência patrimonial	(1)	0	Nm	(1)	0	Nm
Outras Receitas e (Despesas) Operacionais	(72)	(48)	50,6%	(89)	(68)	31,8%
EBIT	588	611	-3,7%	1.133	1.122	1,0%
Resultado Financeiro Líquido	(216)	(179)	20,5%	(427)	(350)	21,9%
Resultado antes de impostos	372	432	-13,9%	706	772	-8,5%
Impostos	(73)	(123)	-40,2%	(208)	(281)	-26,0%
Lucro Líquido	299	309	-3,4%	498	491	1,6%
Lucro líquido atribuível aos acionistas controladores	*279*	*254*	*9,9%*	*440*	*390*	*12,9%*
Lucro líquido atribuível aos acionistas não-controladores	*20*	*55*	*-64,4%*	*58*	*101*	*-42,4%*

Reprodução parcial da página 11 do *Press Release* publicado pelo Grupo Carrefour Brasil referente ao segundo trimestre de 2017, com a Demonstração de Resultado Consolidado, expressa em milhões de reais, comparando dados do segundo trimestre de 2017 e 2016, e do primeiro semestre de 2017 e 2016.

Despesas de Vendas Gerais e Administrativas

Em Milhões de Reais	2T17	2T16	Δ	1S17	1S16	Δ
Despesas VG&A	(1.685)	(1.499)	12,4%	(3.315)	(2.979)	11,3%
Despesas VG&A excluindo CSF (Atacadão e Varejo combinado)	(1.477)	(1.328)	11,2%	(2.916)	(2.653)	9,9%

Despesas consolidadas de vendas gerais e administrativas foram 12,4% maiores no 2T17 e alcançaram R$1,69 bilhão e representaram 14,4% das vendas líquidas consolidadas, uma evolução de 0,5 p.p refletindo nossos investimentos na expansão do negócio, implantação do cartão de crédito Atacadão e desenvolvimento da nossa plataforma de comércio eletrônico. No 1S17, as despesas de vendas, gerais e administrativas totalizaram R$3,3 bilhões, aumento de 11,3%; enquanto que as despesas combinadas do Atacadão e do varejo mostraram crescimento de 9,9% para R$2,9 bilhões.

Reprodução parcial da página 6 do *Press Release* publicado pelo Grupo Carrefour Brasil referente ao segundo trimestre de 2017, com a explanação das Despesas de Vendas Gerais e Administrativas da empresa.

Resultado Financeiro

Em Milhões de Reais	2T17	2T16	Δ	1S17	1S16	Δ
Juros sobre financiamentos líquido	(134)	(126)	6%	(285)	(277)	3%
Juros de antecipação de cartão de crédito	(37)	(34)	7%	(77)	(60)	27%
Correção monetária líquida	(23)	15	nm	(32)	8	nm
Variação cambial, ganhos e (perdas) líquida	(7)	(19)	-63%	4	(13)	nm
Atualização monetária de contingências	(15)	(11)	31%	(31)	(22)	38%
Outros	(1)	(4)	nm	(6)	14	nm
Resultado Financeiro Líquido	(216)	(179)	21%	(427)	(350)	22%

O resultado financeiro líquido no 2T17 foi negativo em R$216 milhões, 21% maior quando comparado ao 2T16 em função de decréscimo nas receitas sobre aplicações financeiras, menor posição de caixa, bem como ajustes monetários não-recorrentes em 2T16. No 1S17, o resultado financeiro líquido foi negativo em R$427 milhões.

Reprodução parcial da página 8 do *Press Release* publicado pelo Grupo Carrefour Brasil referente ao segundo trimestre de 2017, com a explanação do Resultado Financeiro da empresa.

REGIME DE COMPETÊNCIA

A DRE é um documento contábil elaborado com base no Regime de Competência, que registra alterações no patrimônio da empresa.

Os registros das contas se dão pelas datas nas quais os eventos acontecem. Tais eventos podem relatar a entrada de recursos na empresa, no caso das vendas, ou a saída de recursos relacionada com despesas e custos de operação.

Por meio do Regime de Competência podemos saber se uma empresa teve lucro ou prejuízo no período, seja com vendas remuneradas à vista ou parceladas em prazos variáveis.

Portanto, se existe o possível apontamento de vendas a prazo, a DRE não representará necessariamente a situação de caixa de uma companhia, dado que o Regime de Competência não registra apenas pagamentos ou recebimentos passados, mas também os futuros.

Caso uma venda seja realizada a prazo, a receita proveniente da venda na DRE será apurada como "D+0" (imediatamente, no mesmo dia), mas o ingresso do dinheiro no caixa do Balanço Patrimonial somente acontecerá em um período futuro.

Exemplo

Consideremos uma empresa que tenha uma receita de R$ 1.000 e que tenha gasto, durante o mês de fevereiro, R$ 700 pagos a prazo. O pagamento dessa empresa vence no dia 10 de março, data em que a empresa quitará sua fatura e, portanto, movimentará o caixa.

Deste modo, a empresa tem R$ 1.000 de receitas e R$ 700 de despesas, ou seja: se fôssemos analisar através de uma DRE, seria apresentado o lucro de R$ 300.

Caso a empresa receba sua receita no dia 15 de março, cinco dias após o pagamento das despesas, ela ficará cinco dias em dívida com o pagamento. Neste caso, somente a Demonstração do Fluxo de Caixa – DFC nos mostraria uma deficiência de caixa, como veremos no próximo capítulo.

ANÁLISE – DRE

Como analisar a DRE?

Aqui precisamos trazer de volta, em cena, o papel do investidor de valores que também é um investigador. Neste caso não é preciso usar luvas de pelica, chapéu de quatro abas e terno de golas levantadas, mas se concentrar nos números feito um monge budista em meditação.

Basicamente, são três fatores que o analista de uma Demonstração de Resultado do Exercício deve considerar: **a variação em**

porcentagem da Receita, a variação em porcentagem do Lucro e a variação em porcentagem da Margem.

Lembre-se: trata-se de matemática elementar, algo mais trabalhoso do que complexo. O nível de dificuldade desse trabalho diminui conforme a prática.

Uma forma simples de analisar essas variações é acompanhar a evolução dos indicadores de desempenho presentes na DRE, que normalmente já traz dados comparativos com períodos anteriores.

Dentre os indicadores de desempenho mais significativos, podemos elencar a divisão do **Resultado Financeiro pela Receita Líquida**, que reflete a variação do peso dos juros.

A seguir, temos a relação entre o **IR e a LAIR**, cuja divisão do Imposto de Renda pelo Lucro Antes do Imposto de Renda entrega a variação da alíquota efetiva do Imposto de Renda.

Consideremos também o resultado da fração entre o **EBIT e a Receita Líquida**, que expressa a variação da Margem do EBIT – Ganhos Antes dos Juros e Impostos.

Para conhecer a variação da Margem Bruta, podemos dividir o **Lucro Bruto pela Receita Líquida**. Já a variação da Margem Líquida é obtida pela razão entre Lucro Líquido e Receita Líquida.

Por fim, devemos atentar para a divisão da **SG&A pela Receita Líquida**, para encontrar a variação do próprio SG&A – *Selling, General and Administrative Expenses* (Vendas, Despesas Gerais e Administrativas). O SG&A também engloba despesas da empresa com logística e marketing.

Salientemos que nosso roteiro de análise de DRE é apoiado estritamente em números, sem incorporar dados macroeconômicos, cenários políticos e menções de agentes externos que são considerados nos relatórios complementares que diversas empresas entregam junto com a publicação de uma DRE.

Antes de fazer a leitura da DRE, porém, o investidor já deverá ter feito a sua lição de casa, para colher dados que sirvam de suporte para uma compreensão mais racional dos relatórios complementares das empresas, como veremos nos exemplos a seguir.

2.1. receita

Brasil

O cenário macroeconômico ainda desfavorável para o consumo, o reduzido número de dias úteis em abril, a antecipação de parte da nossa Campanha de Dia das Mães para o primeiro trimestre e o ajuste do tamanho de nossa rede de relações, em função do início do novo modelo comercial, resultaram no recuo de 3,0% da receita bruta no 2T17, frente ao 2T16. Apesar desse cenário, no acumulado do ano nossa receita bruta manteve-se estável (+0,3%) em relação ao ano anterior.

A menor retração da receita líquida no trimestre, de 2,3%, em relação à receita bruta, deu-se pela menor carga tributária sobre o 2T16, beneficiada pela exclusão do ICMS da base de cálculo do PIS e da Cofins e pelo mix de produtos com menor IPI, dentre outros. No acumulado do semestre, a variação ficou estável (+0,2%).

O número de unidades vendidas retraiu 12,6% no trimestre. Apesar do destaque positivo para o desempenho das categorias-chave como Perfumaria, com alto preço médio, e Corpo, elas não compensaram a queda de outras categorias.

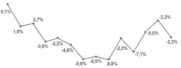

Reprodução parcial da página 10 do Comentário de Desempenho publicado pela Natura Cosméticos S.A. referente ao 2º trimestre de 2017, com a análise da receita da empresa.

A Natura Cosméticos S.A. no seu Comentário de Desempenho publicado por ocasião do encerramento do segundo trimestre de 2017, já mastiga para o investidor em potencial a variação da Receita com dados coletados desde o primeiro trimestre de 2014, focando sua análise, no entanto, no cenário de 2017.

O mesmo se aplica para a evolução do lucro ou prejuízo líquido consolidado. O prejuízo registrado no primeiro trimestre de 2016 não é analisado no relatório, que foca apenas o segundo trimestre de 2017, mostrando a consolidação dos resultados positivos da empresa, fortemente impactada pela recessão que tomou conta do Brasil a partir do segundo semestre de 2014.

2.7. lucro (prejuízo) líquido consolidado

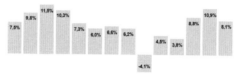

Registramos no trimestre um lucro líquido consolidado de R$ 163,5 milhões. Desconsiderando os custos relacionados à aquisição, o lucro seria de R$ 139,1 milhões, contra um lucro de R$ 90,9 milhões no 2T16, principalmente pela menor despesa financeira, que foi compensada em parte pela maior despesa com Imposto de Renda e menor EBITDA consolidado no período.

No acumulado do ano, o lucro líquido consolidado foi de R$ 352,5 milhões, contra R$ 21,8 milhões no 1º semestre do ano anterior, predominantemente devido ao lucro líquido registrado no Brasil no período, contra um prejuízo em 2016. Sem os efeitos não recorrentes, o lucro líquido do semestre seria de R$ 167,3 milhões, desconsiderando a reversão de obrigações tributárias feitas no 1T17 e os custos de aquisição registrados no 2T17.

Reprodução parcial da página 14 do Comentário de Desempenho publicado pela Natura Cosméticos S.A. referente ao 2º trimestre de 2017, com a análise do lucro (prejuízo) líquido consolidado da empresa.

Cabe mencionar que a Natura Cosméticos S.A. distingue a evolução da sua Margem Bruta entre as operações exclusivas do Brasil e as operações referentes à Latam – no caso não é a denominação da junção da TAM Linhas Aéreas com a chilena LAN (LATAM), mas a sigla para Latin America ou América Latina.

Tal distinção permite avaliar qual setor da empresa está sendo mais eficiente e qual setor necessita de maior atenção de seus gestores.

2.3 margem bruta

No 2T17 a margem bruta consolidada teve um crescimento de 1,6pp frente ao mesmo período do ano anterior, impulsionada pela melhora das margens no Brasil e na Latam.

Brasil

Aumento de 1,3pp, principalmente decorrente da estratégia de preços, da valorização do BRL frente ao USD, da menor pressão inflacionária e do mix de produtos.

Margem Bruta (% RL)

1T14 2T14 3T14 4T14 1T15 2T15 3T15 4T15 1T16 2T16 3T16 4T16 1T17 2T17

—— Consolidado —— Brasil —— Latam

Latam

Expansão de 2,0pp, principalmente devido às perdas de estoques registradas na Argentina no ano anterior.

Reprodução parcial da página 12 do Comentário de Desempenho publicado pela Natura Cosméticos S.A. referente ao 2º trimestre de 2017, com a explanação da margem bruta da empresa.

IV
DEMONSTRAÇÃO DO FLUXO DE CAIXA

"Os números governam o mundo."

- Pitágoras

ESTRUTURA – DFC

Se o Balanço Patrimonial é a fotografia de um momento específico da empresa e a Demonstração do Resultado do Exercício conta sua história em determinado período, como num filme, a Demonstração do Fluxo de Caixa é uma espécie de documentário, como se fosse um *making-of* da produção das divulgações financeiras anteriores, que costumamos ver como extras quando filmes do cinema são lançados em DVDs para *home theaters*.

A Demonstração do Fluxo de Caixa – DFC calcula a variação do caixa durante o trimestre, servindo aos gestores na avaliação da capacidade da entidade para gerenciar fluxos de caixa líquidos positivos.

Esse é o documento contábil que melhor reflete o desempenho financeiro de uma empresa, na medida em que fornece informações sobre as origens e o destino dos recursos: como a empresa gera o seu caixa e como ela faz a sua alocação.

Se a Demonstração do Resultado do Exercício de uma empresa informa se houve lucro nas suas operações num trimestre, é a Demonstração do Fluxo de Caixa – DFC que diz se este lucro foi convertido, ou não, em recursos para serem reinvestidos ou usado para honrar compromissos, por exemplo.

Deste modo, uma DFC deve apresentar claramente as movimentações do caixa da empresa relacionadas com as atividades operacionais, bem como as suas atividades de investimento e financiamento.

Como é estruturada
a variação de caixa de uma empresa?

São quatro os pilares que sustentam a laje de uma Demonstração de Fluxo de Caixa, cada um com uma composição específica discriminada a seguir:

1. *Fluxo de Caixa das Operações* – com o apontamento do lucro líquido ou eventual prejuízo, a depreciação e amortização dos bens patrimoniais; e a variação nos ativos e passivos operacionais, que por sua vez englobam as contas a receber, os estoques, os custos com fornecedores e os salários a pagar, entre outros.

2. *Fluxo de Caixa de Investimentos* – aqui será indicado o eventual recebimento por venda de ativos imobilizados ou intangíveis, ou o pagamento por ativos imobilizados ou intangíveis; as participações societárias que tiram ou colocam dinheiro no caixa; e as aplicações financeiras que tiram ou colocam dinheiro no caixa.

3. *Fluxo de Caixa de Financiamentos* – esta coluna relata o aporte ou a redução de capital, o pagamento de dividendos e o recebimento ou pagamento de empréstimos financeiros.

4. *Saldo Final de Caixa e Equivalentes* – expõe os dados comparativos com o trimestre anterior ao apontar o saldo inicial de caixa e consequentemente o aumento ou a redução de caixa na consolidação dos fluxos.

(R$ milhões)	06M17	06M16
FLUXO DE CAIXA DAS ATIVIDADES OPERACIONAIS		
Lucro líquido do período	352,5	23,3
Ajustes para reconciliar o lucro líquido do período com o caixa líquido gerado pelas atividades operacionais:		
Depreciações e amortizações	134,0	127,4
Provisão decorrente dos contratos de operações com derivativos "swap" e "forward"	110,7	513,9
Provisão para riscos tributários, cíveis e trabalhistas	36,2	8,3
Atualização monetária de depósitos judiciais	(6,3)	(11,5)
Imposto de renda e contribuição social	178,3	14,3
Resultado na venda e baixa de ativo imobilizado e intangível	1,9	2,5
Juros e variação cambial sobre empréstimos e financiamentos	133,9	(305,5)
Variação cambial sobre outros ativos e passivos	(16,5)	(29,2)
Provisão para perdas com imobilizado	0,0	0,3
Provisão com planos de outorga de opções de compra de ações	6,3	3,2
Provisão (reversão) para créditos de liquidação duvidosa, líquida de reversões	(5,3)	3,0
Provisão para perdas nos estoques líquidas	9,9	29,1
Provisão com plano de assistência médica e crédito de carbono	6,1	5,4
Resultado líquido do período atribuível a não controladores	0,0	(1,4)
Provisão para aquisição de participação de não controladores	0,0	50,8
	941,6	**433,9**
(AUMENTO) REDUÇÃO DOS ATIVOS		
Contas a receber de clientes	117,3	(51,9)
Estoques	(34,7)	(104,7)
Impostos a recuperar	(40,6)	14,3
Outros ativos	(72,8)	(12,4)
Subtotal	**(30,8)**	**(154,6)**
AUMENTO (REDUÇÃO) DOS PASSIVOS		
Fornecedores nacionais e estrangeiros	59,6	(59,2)
Salários, participações nos resultados e encargos sociais, líquidos	0,1	22,1
Obrigações tributárias	(303,9)	(142,6)
Outros passivos	77,6	21,8
Subtotal	**(166,5)**	**(157,9)**

Reprodução parcial da página 21 do Comentário de Desempenho publicado pela Natura Cosméticos S.A. referente ao 2º trimestre de 2017, com a Demonstração dos Fluxos de Caixa, com dados em milhões de reais (R$) comparativos entre os primeiros seis meses de 2017 e 2016.

REGIME DE CAIXA

A Demonstração do Fluxo de Caixa é confeccionada pelo Regime de Caixa, no qual o registro das movimentações é contabilizado na data dos pagamentos ou recebimentos, como se fosse o extrato de uma conta bancária.

Uma empresa pode ser lucrativa, mas ao mesmo tempo apresentar uma insuficiência de caixa. De outro modo, uma empresa pode ter prejuízo, mas gerar caixa suficiente para manter a operação no médio prazo.

CAIXA GERADO PELAS ATIVIDADES OPERACIONAIS	**744,3**	**121,3**
OUTROS FLUXOS DE CAIXA DAS ATIVIDADES OPERACIONAIS		
Pagamentos de imposto de renda e contribuição social	(48,7)	(75,9)
Levantamentos (pagamentos) de depósitos judiciais	(3,0)	4,3
Pagamentos relacionados a processos tributários, cíveis e trabalhistas	(6,5)	(5,9)
Recebimentos (Pagamentos) de recursos por liquidação de operações com derivativos	(183,8)	83,5
Pagamento de juros sobre empréstimos, financiamentos e debêntures	(148,8)	(159,4)
CAIXA LÍQUIDO GERADO (UTILIZADO NAS) PELAS ATIVIDADES OPERACIONAIS	**353,5**	**(32,0)**
FLUXO DE CAIXA DAS ATIVIDADES DE INVESTIMENTO		
Adições de imobilizado e intangível	(104,1)	(110,5)
Recebimento pela venda de ativo imobilizado e intangível	5,4	10,1
Aplicação em títulos e valores mobiliários	(2.325,0)	(2.540,0)
Resgate de títulos e valores mobiliários	2.558,3	2.656,4
CAIXA LÍQUIDO GERADO ATIVIDADES DE INVESTIMENTO	**134,5**	**16,0**
FLUXO DE CAIXA DAS ATIVIDADES DE FINANCIAMENTO		
Amortização de empréstimos, financiamentos e debêntures- principal	(881,7)	(799,2)
Captações de empréstimos, financiamentos e debêntures	57,2	574,3
Pagamento de dividendos e juros sobre capital próprio referentes ao exercício anterior	(109,4)	(123,1)
CAIXA LÍQUIDO UTILIZADO NAS ATIVIDADES DE FINANCIAMENTO	**(933,9)**	**(348,0)**
Efeito de variação cambial sobre o caixa e equivalentes de caixa	4,2	(31,0)
REDUÇÃO NO CAIXA E EQUIVALENTES DE CAIXA	**(441,7)**	**(395,0)**
Saldo inicial do caixa e equivalentes de caixa	1.091,5	1.591,8
Saldo final do caixa e equivalentes de caixa	649,8	1.196,8
REDUÇÃO NO CAIXA E EQUIVALENTES DE CAIXA	**(441,7)**	**(395,0)**
Informações adicionais às demonstrações dos fluxos de caixa:		
Itens não caixa:		
Capitalização de leasing financeiro	13,3	-
Hedge accounting, líquido dos efeitos tributários	11,2	24,6
Leasing financeiro novo prédio adm.	8,7	-
* As notas explicativas são parte integrante das informações contábeis intermediárias		

Reprodução parcial da página 22 do Comentário de Desempenho publicado pela Natura Cosméticos S.A. referente ao 2º trimestre de 2017, com a Demonstração dos Fluxos de Caixa, com dados em milhões de reais (R$) comparativos entre os primeiros seis meses de 2017 e 2016.

Por exemplo: um estaleiro pode aferir um lucro considerável ao entregar um navio, mas precisar de capital para manter a operação durante os meses de sua construção, caso a empresa que o encomendou não tenha feito um adiantamento. As construtoras de apartamentos vivem situação semelhante, dado que raramente recebem à vista pela venda de imóveis.

Já uma operadora de telefonia tem recebimentos mensais constantes de milhares de clientes, mas, se o custo de suas operações for maior que seu faturamento, a rolagem das dívidas terá um limite e a empresa vai quebrar cedo ou tarde, se não conseguir equacionar uma solução estrutural no negócio.

Desta forma, a Demonstração do Fluxo de Caixa apresenta para os gestores a saúde financeira da organização da empresa à vista, por mais paradoxal que possa ser a conjugação de lucros com insuficiência de caixa e vice-versa – algo que depende muito do setor de atuação de cada empresa.

Exemplo

No capítulo anterior, demos o exemplo hipotético de uma empresa que teve, no mês de fevereiro, uma receita de R$ 1.000 e um gasto de R$ 700, que seriam pagos a prazo.

O pagamento do compromisso assumido pela empresa vencia no dia 10 de março, data em que a empresa faria o desembolso para quitar sua fatura e, portanto, essa seria a data apontada no regime de caixa.

Caso a empresa recebesse sua receita apenas no dia 15 de março, ela ficaria cinco dias em dívida com o pagamento e, neste período, a demonstração nos mostraria uma variação negativa do caixa.

Portanto, é importante sempre monitorar os dois regimes – a história editada para o filme e o seu *making-of* – dado que verificar apenas a DRE seria um trabalho incompleto, uma vez que vendas a crédito podem ser apontadas como receitas.

Mais uma vez: é a DFC que diz se receitas se convertem em recursos que ingressam, ou não, no caixa da empresa.

MÉTODO DIRETO *VERSUS* MÉTODO INDIRETO

Há duas formas de se apresentar uma DFC: pelo Método Indireto e pelo Método Direto – cuja diferença primordial se concentra no Caixa Líquido de Atividades Operacionais, que pelo Método Indireto é apurado pelo lucro líquido ajustado, pelas variações nos ativos operacionais e pelas variações nos passivos operacionais. Já no Método Direto, a medição é feita pelo recebimento de receita por parte dos clientes, pelo pagamento de salários e pagamento aos fornecedores.

No Caixa Líquido de Atividades de Investimento, os dois métodos vão relacionar as eventuais despesas com compra de maquinários, por exemplo, ou a venda de participação em empresa. E, no Caixa Líquido de Atividades de Financiamento, os dois métodos vão apontar o eventual pagamento de empréstimos e dividendos; ou aumento ou redução de caixa e equivalentes, bem como o saldo inicial e saldo final de caixa e equivalentes.

Método Indireto	Método Direto
Caixa Líquido Atividades Operacionais	Caixa Líquido Atividades Operacionais
Lucro Líquido Ajustado	Recebimento de Clientes
Variações nos Ativos Operacionais	Pagamento de Salários
Variações nos Passivos Operacionais	Pagamento de Fornecedores
Caixa Líquido Atividades de Investimento	Caixa Líquido Atividades de Investimento
Compra Máquina	Compra Máquina
Venda de Participação em empresa	Venda de Participação em empresa
Caixa Líquido Atividades de Financiamento	Caixa Líquido Atividades de Financiamento
Pagamento de Empréstimos	Pagamento de Empréstimos
Pagamento de Dividendos	Pagamento de Dividendos
Aumento (Redução) de Caixa e Equivalentes	**Aumento (Redução) de Caixa e Equivalentes**
Saldo Inicial de Caixa e Equivalentes	Saldo Inicial de Caixa e Equivalentes
Saldo Final de Caixa e Equivalentes	Saldo Final de Caixa e Equivalentes

ANÁLISE – DFC

Interpretação

Chegou a hora de silenciar o *smartphone*, desabilitando temporariamente suas notificações. O rádio está ligado? Desligue-o ou abaixe bem o volume. Sinta-se confortável em seu canto favorito de trabalho ou estudo e limpe os demais assuntos de sua mente para retomar suas funções de investigador com foco em descobrir oportunidades de bons investimentos.

Analisar uma Demonstração do Fluxo de Caixa exige foco e atenção nas minúcias, assim como se faz para extrair informações úteis de Balanços Patrimoniais e Declarações dos Resultados dos Exercícios.

Ao interpretar uma DFC pelo Método Indireto, parte-se do Lucro Líquido, soma-se a depreciação – uma vez que não sai dinheiro do caixa com depreciação retirada na DRE – e a variação do Passivo circulante obtido no Balanço Patrimonial, para deste modo encontrar o Fluxo de Caixa Operacional – FCO.

De forma similar, o Balanço Patrimonial e a Demonstração do Resultado do Exercício se relacionam em alguns aspectos, nos quais os Lucros Acumulados do período anterior que, somados ao Lucro Líquido do exercício em questão e subtraídos de dividendos distribuídos, apresentam os Lucros Acumulados na sua totalidade.

Ciclo Financeiro

O Ciclo Financeiro pode ser entendido pela quantidade de dias, em média, que a empresa necessita para promover o financiamento das suas operações.

Em outras palavras, é o período necessário para ocorrer a produção, a distribuição, a venda e a coleta do pagamento dos produtos vendidos pela empresa. Vale lembrar que a prestação de serviços também pode ser compreendida como um produto.

Logo, quanto menor for esse período, maior será o poder de negociação da empresa com os seus fornecedores e clientes.

Ou seja, quem demora mais para produzir e entregar algo de comércio relativamente restrito necessitará, provavelmente, de mais capital de giro do que aquele que apenas compra e revende mercadorias de alto consumo.

Para compreender o conceito do **Ciclo Financeiro** por meio de uma equação matemática simples, podemos afirmar que ele será o resultado do **Prazo Médio de Recebimento** das vendas, **somado ao Prazo Médio da Estocagem** dos produtos, **menos o Prazo Médio do Pagamento** aos fornecedores.

Para encontrar o **Prazo Médio de Recebimento** multiplicamos o número de clientes atendidos por 365 dias de um ano contábil e dividimos pelo número de vendas realizadas no mesmo período. Esse fator expressa, em média, quantos dias a empresa esperou para receber dos seus clientes.

Já o **Prazo Médio de Estocagem** é definido pelo quantitativo do estoque multiplicado por 365 dias de um ano contábil, dividido pelo custo das vendas. Aqui saberemos quantos dias, em média, a empresa levou para vender os seus estoques.

Por fim, o **Prazo Médio de Pagamento** é resultado da multiplicação do número de fornecedores por 365 dias de um ano contábil, dividido pelo número de compras efetuadas no período, informando quantos dias, em média, a empresa levou para pagar os seus fornecedores.

Geração de Caixa

Em linhas gerais, a Natura Cosméticos S.A. – da qual emprestamos a DFC do segundo trimestre de 2017 para ilustrar este capítulo – é uma empresa com potencial para ter fluxo de caixa sempre positivo.

A geração de caixa de R$ 225,5 milhões (R$ 129,1 milhões maior que no 2T16) foi um dos destaques no período, consequência do maior lucro líquido e da otimização do capital de giro.

R$ milhões	2T17	2T16	Var. R$	Var. %	06M17	06M16	Var. R$	Var. %
Lucro Líquido do Período*	163,5	90,9	72,6	(79,9)	352,5	21,8	330,7	n/a
Depreciações e Amortizações	66,6	64,4	2,2	3,5	134,0	127,4	6,5	5,1
Itens Não Caixa / Outros	(59,9)	75,0	(134,9)	n/a	(24,6)	20,8	(45,4)	n/a
Ajuste Aesop	0,0	(11,0)	11,0	n/a	0,0	50,8	(50,8)	n/a
Geração Interna de Caixa	170,2	219,3	(49,1)	n/a	461,8	220,9	240,9	109,1
(Aumento) / Redução do Capital de Giro	116,7	(60,2)	177,0	n/a	(124,4)	(181,6)	57,2	(31,5)
Geração Operacional de Caixa	286,9	159,0	127,9	(80,4)	337,3	39,3	298,1	n/a
CAPEX	(61,5)	(62,7)	1,2	(2,0)	(95,4)	(110,6)	15,2	(13,8)
Geração de Caixa Livre**	225,5	96,3	129,1	(134,1)	242,0	(71,4)	313,3	n/a

(*)Lucro Líquido do período atribuível a acionistas controladores da sociedade.
(**)(Geração interna de caixa) +/- (variações no capital de giro e realizável a longo prazo) - (aquisições de ativo imobilizado).

O CAPEX do trimestre foi de R$ 61,5 milhões, em linha com o ano anterior, com gestão mais criteriosa para seleção e aprovação de investimentos.

Reprodução parcial da página 15 do Comentário de Desempenho publicado pela Natura Cosméticos S.A. referente ao 2º trimestre de 2017 comparado com o 2º trimestre de 2016, com a Demonstração dos Fluxos de Caixa, com dados em milhões de reais (R$) comparativos também entre os primeiros seis meses de 2017 e 2016.

Vejamos: ela atua num setor que proporciona um ciclo de produção curto, com vendas à vista em grande escala, permitindo-lhe negociar prazos mais alongados com seus fornecedores, diminuindo a dependência de capital de terceiros para manter suas operações.

Em função disso, no segundo trimestre de 2017 a Natura mais do que dobrou sua geração de caixa livre em comparação com o segundo trimestre de 2016, indicando a retomada da economia no cenário brasileiro, espelhada no aumento do consumo de itens que não compõem a cesta básica, que até prevê produtos de limpeza e higiene, mas não inclui grande parte dos cosméticos.

V
INDICADORES DE DESEMPENHO

"O que pode ser medido pode ser melhorado."

- Peter Drucker

PAPEL DOS INDICADORES

Um investidor diligente, que pesquisa o mercado de capitais em busca da oportunidade de fazer bons negócios, é como um cinéfilo que não passa uma semana sem caminhar diante das grandes salas de cinema – que antes ocupavam as principais avenidas das cidades e agora são vizinhas das praças de alimentação dos *shopping centers*.

Os mais entusiasmados leem as críticas e resenhas sobre os filmes, publicadas por jornais e revistas com maior ou menor grau de especialização na sétima arte. Mas há quem se contente em escolher a próxima película para assistir apenas observando os cartazes.

Além de estampar o título e o nome dos principais atores da história, os cartazes fazem questão de informar as indicações e premiações que o filme já recebeu. O campeão de bilheteria recebeu sete indicações para o Oscar, inclusive o de melhor direção. O outro, mais *cult*, se apoia na premiação com a Palma de Ouro de Cannes. O filme nacional mostra o Kikito ganho no Festival de Gramado.

Muitas vezes são esses indicadores e premiações que levam as pessoas para a sala do cinema. No mercado financeiro ocorre algo semelhante. Há os investidores que estudam os documentos contábeis e os relatórios produzidos por casas independentes de análises fundamentalistas, como a Suno Research. Mas a grande maioria começa a prestar atenção em determinadas ações por causa dos bons indicadores de desempenho que as empresas ostentam.

É como se as empresas pudessem ser indicadas para o Oscar, concorrer à Palma de Ouro de Cannes ou vencer o Festival de Gramado. No caso, os indicadores de desempenho são construídos com base nas demonstrações financeiras divulgadas ao final de cada trimestre contábil.

Os indicadores têm o papel de subsidiar os investidores em seu processo decisório. E não podemos nos esquecer de que, se os filmes também podem ser indicados para receber o selo de *Rotten Tomato* (Tomate Podre), o péssimo desempenho de alguma empresa também a afastará do investidor consciente.

Os resultados expressos nos indicadores de desempenho das empresas devem ser comparados aos das concorrentes delas, uma vez que isso depende muito dos setores de atuação, das suas estratégias competitivas e da qualidade de seus gestores, entre outros aspectos.

Deste modo, medir o desempenho de uma empresa no decorrer do tempo é essencial para identificar se o negócio está trilhando o caminho desejado, ou se ainda falta algo para alcançar seus objetivos. Por outro lado, quando uma empresa inicia uma rota decadente, ela avisa os investidores atentos com antecedência, oferecendo a eles a chance de vender suas posições.

Fazendo a lição de casa

Para os gestores das empresas, tão importante quanto publicar os indicadores financeiros para atrair eventuais investidores é usá-los para análise interna de desempenho, no escopo de um sistema de contabilidade gerencial.

De acordo com os resultados calculados, o comportamento dos

gestores poderá ser orientado para alcançar as metas estabelecidas pela organização. Deste modo, os indicadores são válidos para estimular os funcionários de uma empresa, especialmente quando são, em parte, bonificados em função de objetivos alcançados para prazos previamente determinados.

INDICADORES DE PRODUTIVIDADE

Os indicadores de produtividade refletem a capacidade dos ativos para gerar receitas: o quanto cada real investido pode resultar em retorno positivo ao caixa da empresa, no futuro.

Quanto maior a diversificação de produtos e campos de atuação de uma empresa, maior será a necessidade de especificar os indicadores de produtividade para que estes demonstrem quais sistemas são mais eficientes, quais necessitam de ajustes e quais devem ser potencializados.

Para medir a **produtividade do investimento** temos dois grandes indicadores:

1. *A gestão do Capex* – termo relacionado com o investimento em bens de capital – pode ser aferida pela somatória do Ativo Imobilizado da empresa com seus Ativos Intangíveis, cujo resultado será dividido pela Receita Líquida.

2. *A gestão do Capital de Giro* – o dinheiro necessário para financiar as operações da empresa – é mensurada pelo próprio Capital de Giro dividido pela Receita Líquida. O Capital de Giro é obtido pela diferença do Ativo Circulante com o Passivo Circulante da empresa.

INDICADORES DE RENTABILIDADE

Os indicadores que medem a **rentabilidade do investimento** auxiliam os analistas na compreensão da capacidade da empresa de gerar retornos. Aqui são três fatores a destacar:

1. **O ROE** – *Return On Equity* (Retorno Sobre o Patrimônio) – identifica a rentabilidade do capital investido pelos acionistas, sendo encontrado na divisão do Lucro Líquido, de um ano contábil, pelo Patrimônio Líquido.

2. **O ROIC** – *Return On Invested Capital* (Retorno Sobre o Capital Investido) – é o Lucro Operacional, de um ano contábil e após impostos, sobre o Capital Investido (Patrimônio Líquido mais empréstimos).

3. **O ROA** – *Return On Asset* (Retorno Sobre o Ativo) – surge da divisão do Lucro Líquido, de um ano contábil, pelo Ativo total.

Na tabela da próxima página, temos as empresas que se destacavam pelo ROE na Bolsa de São Paulo em fevereiro de 2018, conforme a Economatica.

INDICADORES DE EFICIÊNCIA

O **desempenho operacional** de uma empresa pode ser mensurado através dos indicadores relacionados com a eficiência das vendas, demonstrando a capacidade da empresa de gerar lucros para cada real vendido. Eis os quatro grandes indicadores de eficiência:

1. **A Margem Bruta** é definida pela divisão do Lucro Bruto pela Receita Líquida.

2. **A Margem Líquida** está expressa pela razão do Lucro Líquido sobre a Receita Líquida.

3. **A Margem EBIT** – *Earning Before Interest and Taxes* (Lucro Antes dos Juros e Tributos) – é obtida pela divisão da EBIT pela Receita Líquida.

Nome		Classe	Código	Setor Econômico Bovespa	Valor Mercado da empresa 05Fev18 em moeda orig em milhares	RenPat(med) Mais recente em moeda orig de 12 meses consolid:sim*
1	Multiplus	ON	MPLU3	Consumo cíclico	5.763.814	190,5
2	Vulcabras	ON	VULC3	Consumo cíclico	2.605.014	135,0
3	Wiz S.A	ON	WIZS3	Financeiro e outros	2.190.726	127,2
4	Smiles	ON	SMLS3	Consumo cíclico	10.032.413	110,5
5	Ecorodovias	ON	ECOR3	Bens industriais	6.204.596	61,8
6	Odontoprev	ON	ODPV3	Saúde	8.839.793	57,7
7	Natura	ON	NATU3	Consumo não cíclico	14.848.421	52,5
8	Dtcom Direct	ON	DTCY3	Bens industriais	23.524	44,4
9	BBSeguridade	ON	BBSE3	Financeiro e outros	63.391.938	43,7
10	Maestroloc	ON	MSRO3	Consumo cíclico	-	39,7
11	Petrorio	ON	PRIO3	Petróleo, gás e biocombustíveis	1.092.973	39,0
12	Invepar	ON	IVPR3B	Bens industriais	-	37,5
13	Ceb	PNB	CEBR6	Utilidade pública	388.418	36,1
14	Magaz Luiza	ON	MGLU3	Consumo cíclico	15.848.644	34,6
15	Cvc Brasil	ON	CVCB3	Consumo cíclico	7.784.350	32,8
16	Banpara	ON	BPAR3	Financeiro e outros	-	32,0
17	Nord Brasil	ON	BNBR3	Financeiro e outros	3.221.638	31,5
18	Banese	PN	BGIP4	Financeiro e outros	618.588	31,1
19	Cielo	ON	CIEL3	Financeiro e outros	71.165.622	30,2
20	Battistella	PN	BTTL4	Financeiro e outros	65.601	28,3

4. **A Margem EBITDA** – *Earning Before Interest, Taxes, Depreciation and Amortization* (Lucro Antes dos Juros, Impostos, Depreciação e Amortização) – é aferida pela razão da EBITDA sobre a Receita Líquida.

As margens relacionadas com EBIT e EBITDA, por excluírem os impostos cobrados pelas diversas esferas do Poder Executivo, quando comparadas com as margens bruta e líquida, servem como indicadores, também, da capacidade do Estado para incentivar ou frear as atividades empresariais num país.

Conforme o regime tributário adotado, um país se mostra mais ou menos competitivo no cenário internacional. O "Custo Brasil" espelha sua pesada carga tributária sem contrapartidas.

2.3 margem bruta

No 2T17 a margem bruta consolidada teve um crescimento de 1,6pp frente ao mesmo período do ano anterior, impulsionada pela melhora das margens no Brasil e na Latam.

Brasil

Aumento de 1,3pp, principalmente decorrente da estratégia de preços, da valorização do BRL frente ao USD, da menor pressão inflacionária e do mix de produtos.

Latam

Expansão de 2,0pp, principalmente devido às perdas de estoques registradas na Argentina no ano anterior.

Reprodução parcial da página 12 do Comentário de Desempenho publicado pela Natura Cosméticos S.A. referente ao 2º trimestre de 2017, com comentários e gráfico sobre a evolução da Margem Bruta em percentagem, entre o 1º trimestre de 2014 e o 2º trimestre de 2017.

INDICADORES FINANCEIROS

O desempenho financeiro de uma empresa pode ser analisado a partir de seis indicadores fundamentais:

1. **O EBITDA** expressa o potencial de geração de caixa da empresa, vinda de suas operações, uma vez que não são considerados os efeitos dos juros, impostos, depreciação e amortização. Este indicador é obtido pela soma da EBIT com a Depreciação e Amortização presentes na Demonstração do Fluxo de Caixa.

2. **A Alavancagem** mede a solidez de uma empresa ao identificar quantas gerações de caixa operacional estão comprometidas com os agentes financeiros – bancos. Para determinar o grau de compromisso de uma empresa, divide-se a sua Dívida Líquida pelo EBITDA.

3. **A Cobertura de Juros** reflete a capacidade do EBITDA de honrar os juros provenientes de empréstimos e financiamentos, sendo resultado da fração do EBITDA sobre o Resultado Financeiro.

4. **A Conversão de Caixa (Cash Convertion)** mede a capacidade de converter EBITDA em fluxo de caixa operacional, sendo resultado do Fluxo de Caixa das Operações dividido pelo EBITDA.

5. **A Liquidez Corrente** significa a capacidade de pagamento da empresa frente aos seus compromissos com terceiros no curto prazo. Este indicador é a razão do Ativo circulante sobre o Passivo circulante. Se esse número for inferior a 1, a empresa pode ter problemas futuros para honrar seus compromissos de curto prazo.

6. **O Imposto** mede a competência da empresa em termos de planejamento tributário, expresso pela divisão do IR pela LAIR, ou seja, o Imposto de Renda dividido pelo Lucro Antes do Imposto de Renda.

2.6. EBITDA

EBITDA consolidado

(R$ milhões)	2T17	2T16	Var %	06M17	06M16	Var %
Receita Líquida	2.025,8	2.025,7	0,0	3.754,4	3.715,4	1,1
(-) Custos e Despesas	1.793,8	1.745,3	2,8	3.225,2	3.281,1	(1,7)
EBIT	232,0	280,4	(17,2)	529,2	434,3	21,9
(+) Depreciação / Amortização	66,6	64,4	3,5	134,0	127,4	5,1
EBITDA	298,6	344,7	(13,4)	663,2	561,7	18,1

O EBITDA consolidado retraiu 13,4% frente ao 2T16. Sem os efeitos não-recorrentes, o EBITDA seria de R$ 334,3 milhões, uma queda de 3,0%, afetado pelo desempenho do Brasil, onde o EBITDA decresceu 8,3%, e também pelo menor EBITDA na Aesop. A Latam contribuiu positivamente, com um crescimento do EBITDA em BRL de 33,8%.

Reprodução parcial da página 13 do Comentário de Desempenho publicado pela Natura Cosméticos S.A. referente ao 2º trimestre de 2017, em comparativo com o 2º trimestre de 2016, com a consolidação do EBITDA em milhões de reais (R$), comparativos ainda entre os primeiros seis meses de 2017 e 2016.

2.9. endividamento

Outro destaque importante foi o menor nível de endividamento. Encerramos o trimestre com um endividamento líquido (dívida líquida / EBITDA) de 1,20, frente a 1,43 no mesmo período do ano passado.

(R$ milhões)	jun/17	Part (%)	jun/16	Part (%)	Var. (%)
Curto Prazo	2.324,8	69,1	2.133,4	49,7	9,0
Longo Prazo	1.281,5	38,1	2.601,7	60,6	(50,7)
Instrumentos financeiros derivativos*	61,8	1,8	(220,2)	(5,1)	128,1
Arrendamentos Mercantis - Financeiros / Outros**	(305,9)	(9,1)	(219,2)	(5,1)	(39,5)
Total da Dívida	**3.362,2**		**4.295,7**		**(21,7)**
(-) Caixa e Aplicações Financeiras	1.624,0		2.272,2		(28,5)
(=) Endividamento Líquido	1.738,2		2.023,5		(14,1)
Dívida Líquida / Ebitda	1,20		1,43		
Total Dívida / Ebitda	2,33		3,04		

(*)Excluindo os impactos temporários e não-caixa da marcação a mercado de derivativos atrelados à dívida em moeda estrangeira.

(**)Outros: reclassificação das despesas de juros de empréstimos subsidiados do resultado financeiro conforme pronunciamento contábil CPC07.

Reprodução parcial das páginas 15 e 16 do Comentário de Desempenho publicado pela Natura Cosméticos S.A. referente ao 2º trimestre de 2017, com a evolução do endividamento em milhões de reais (R$) em comparação ao 2º trimestre de 2016.

INDICADORES SOCIOAMBIENTAIS

A **Gestão da Sustentabilidade Empresarial** é uma estratégia adotada pelos empresários e gestores para atender o compromis-

Indicador	Unidade	Ambição 2020	Resultado 2T17	Resultado 2016
Emissão relativa de carbono (escopo 1, 2 e 3)	kg CO2/kg prod faturado	2,15	3,34	3,17
% material reciclado pós consumo[1]	% (g mat reciclado/g emb.)	10,0	4,6	4,3
Embalagens ecoeficientes[2]	% (unid. Faturadas emb. Ecoef/unid fat. Totais)	40	20	20
Consumo de insumos Amazônicos em relação ao consumo total Natura	% (R$ insumos amazônicos/ R$ insumos totais)	30,0	18,8	19,1
Volume acumulado de negócios na região PAM Amazônica[3]	R$ milhões	1.000,0	1.079,0	972,6
Consumo de água	litros / unidades produzidas	0,32	0,53	0,53
Arrecadação da linha Crer para Ver - Global[4]	R$ milhões	46,9	17,1	38,2

[1] O indicador considera o % de materiais de embalagens que provêm de reciclagem pós-consumo em relação ao total de massa de embalagem faturada.

[2] Indicador de embalagens ecoeficientes são aquelas que apresentam redução de no mínimo 50% do peso em relação a embalagem regular/similar; ou que apresentam 50% de sua composição com MRPC e/ou material renovável desde que não apresentam aumento de massa.

[3] Valores acumulados desde 2011.

[4] Refere-se ao lucro antes do desconto do imposto de renda (IR) acumulado do ano destinado ao Fundo da linha Crer para Ver

Reprodução parcial da página 7 do Comentário de Desempenho publicado pela Natura Cosméticos S.A. referente ao 2º trimestre de 2017, com os indicadores socioambientais, com dados comparativos entre o 2º trimestre de 2017 e o ano de 2016, além das metas para 2020.

so com o desenvolvimento sustentável, uma premissa que tem orientado a mentalidade de muitos negócios nos últimos anos.

A otimização do uso de recursos na produção pode representar – além das melhorias ambientais e sociais – ganhos econômicos para as companhias.

Uma empresa com bons indicadores socioambientais tende a usufruir de maior facilidade na captação de recursos; obter aumento da competitividade no mercado internacional; ter a sua marca valorizada na sociedade e, por fim, criar mais valor para seus acionistas.

Como os analistas financeiros ainda não desenvolveram indicadores socioambientais padronizados para avaliar diversas empresas que atuam em variados setores da economia, cabe a cada companhia demonstrar seus indicadores específicos, conforme seus campos de atividade. Boa parte das empresas simplesmente não divulga indicadores socioambientais, e a maioria dos acionistas também não cobra esses dados.

É uma questão de tempo para que surjam confluências entre esses indicadores, ao menos entre empresas que atuam em segmentos semelhantes, embora eles ainda não constem nos documentos contábeis regidos por sistemas internacionais de publicação.

VI
ESTUDO DE CASO: PDG REALTY

"Não conte os seus pintos antes de saírem da casca."

- Esopo

SOBRE A EMPRESA – PDGR3

Apesar de ter sido criada somente em 2003, dentro do Banco Pactual de Investimentos, em poucos anos a PDG (código na B3: PDGR3) tornou-se uma das maiores construtoras e incorporadoras do Brasil, a partir de sua independência como unidade de negócios em 2006.

Numa política agressiva de investimentos, a PDG adquiriu a Goldfarb e a CHL em 2008 e a AGRE em 2010, aumentando sua presença nos mercados de São Paulo e das regiões Norte e Nordeste do país, unificando sua marca em todas as operações em 2011. Em 2012, houve uma alteração entre seus principais executivos, com o ingresso da Vinci Partners no negócio, mediante injeção de capital.

A empresa surfou na onda do ciclo de alta do mercado imobiliário, impulsionada pela política de crédito facilitado por parte do governo federal, visando aquecer a economia num momento de instabilidade em função da crise do *subprime* iniciada em 2007 nos Estados Unidos, com reflexos nos mercados periféricos.

Presente em nove estados e no Distrito Federal, tendo vendido mais de 155 mil unidades residenciais, a PDG, no entanto, enfrentou dificuldades com o esfriamento da economia brasileira, que ingressou numa longa recessão no segundo semestre de 2014.

Assim como as demais construtoras, que concentraram suas vendas de apartamentos na planta, a PDG passou a sofrer com distratos permitidos por lei, mediante a desistência de compradores em função da dificuldade de honrar compromissos, ou ainda de investidores arrependidos.

Somente no quarto trimestre de 2016 a PDG teve R$ 172 milhões distratados, dos quais apenas R$ 39 milhões foram retidos com revendas de apartamentos devolvidos, causando um prejuízo de R$ 133 milhões no caixa da empresa, que passou a contrair dívidas severas para honrar a entrega dos empreendimentos.

Em 2017, a PDG anunciou o Plano de Recuperação Judicial da Companhia, interrompendo os lançamentos de novos empreendimentos, adotando maior rigor na gestão e renegociando as dívidas com previsão de pagamento em até 25 anos.

BALANÇO PATRIMONIAL – PDGR3

ATIVO

Onde a empresa investe?

No Balanço Patrimonial do quarto trimestre de 2017, o principal componente declarado pela PDG, tanto no Ativo Circulante como no Ativo Não Circulante, respondia pelo "Estoque de imóveis a comercializar".

A construtora informou na ocasião que pretendia arrecadar cerca de R$ 1,2 bilhão no prazo de um ano e apenas R$ 380 milhões no longo prazo.

Por mais otimista que um analista possa ser, se ele tiver bom senso, saberá que dificilmente a incorporadora conseguiria realizar vendas nesse montante num prazo tão exíguo, tanto que

ATIVO (R$ '000) - IFRS	2017	2016	(%) Var.
Circulante			
Disponibilidades e aplicações financeiras	212.695	200.973	6%
Contas a receber de clientes	688.172	1.249.963	-45%
Estoques de imóveis a comercializar	1.203.161	1.166.612	3%
Despesas antecipadas	7.270	7.763	-6%
Contas correntes e mútuos com parceiros nos empreendimentos	27.004	24.564	10%
Impostos a recuperar	26.471	44.117	-40%
Tributos diferidos	13.557	10.214	33%
Total Circulante	**2.178.330**	**2.704.206**	**-19%**
Não Circulante			
Realizável a longo prazo			
Contas a receber de clientes	162.167	772.702	-79%
Estoques de imóveis a comercializar	380.523	706.102	-46%
Tributos diferidos	-	-	n.m.
Impostos a recuperar	10.716	-	n.m.
Contas correntes e mútuos com parceiros nos empreendimentos	67.891	60.165	13%
Outros créditos	71.017	223.503	-68%
Total Realizável a longo prazo	**692.314**	**1.762.472**	**-61%**
Permanente			
Investimentos	47.460	49.012	-3%
Imobilizado	13.801	27.640	-50%
Intangível	36.964	107.684	-66%
Total Permanente	**98.225**	**184.336**	**-47%**
Total Não circulante	**790.539**	**1.946.808**	**-59%**
Total do Ativo	**2.968.869**	**4.651.014**	**-36%**

Reprodução parcial da página 24 do *Release* publicado pela PDG Realty SA referente ao 4º trimestre de 2017, com o Ativo do Balanço Patrimonial, com dados comparativos entre 2017 e 2016.

o valor atribuído ao estoque de imóveis aumentou 3% no Ativo Circulante e diminuiu 46% no Ativo Não Circulante, em relação ao ano de 2016.

O que a PDG tinha efetivamente contratado para receber no prazo inferior a um ano contábil eram R$ 688 milhões, ou 45% a menos em relação ao ano de 2016. Isso equivalia a pouco mais da metade do estoque disponível.

No Ativo Não Circulante os números eram ainda mais desanimadores: as "Contas a receber de clientes" totalizavam apenas R$ 162 milhões – um valor 79% menor do que o registrado em 2016.

Se levarmos em conta que os distratos não cessariam, os números apresentados certamente seriam corrigidos, uma vez que em todo o ano de 2017 as perdas com rescisões contratuais foram de R$ 330 milhões, conforme dados divulgados pela própria PDG em seu *Release* sobre o quarto trimestre de 2017.

Mesmo com a redução no volume de distratos verificada a cada trimestre, os números apresentados indicavam que a recuperação judicial da PDG seria mais lenta e gradual do que o planejado.

PASSIVO

PASSIVO E PATRIMÔNIO LÍQUIDO (R$ '000) - IFRS	2017	2016	(%) Var.
Circulante			
Empréstimos e financiamentos	1.088.805	1.013.591	7%
Debêntures	454.117	1.546.357	-71%
Obrigação por emissão de CCBs e CCIs	1.115.071	1.811.544	-38%
Coobrigação na cessão de recebíveis	14.331	24.411	-41%
Fornecedores	115.592	251.319	-54%
Obrigações a pagar do plano de recuperação judicial	178.835	-	n.m.
Obrigações por aquisição de imóveis	12.738	85.825	-85%
Adiantamentos de clientes	149.713	188.928	-21%
Obrigações fiscais e trabalhistas	54.864	185.557	-70%
Obrigações tributárias diferidas	20.958	45.483	-54%
Imposto de renda e contribuição social	8.616	97.562	-91%
Contas correntes e mútuos com parceiros nos empreendimentos	13.748	5.798	n.m.
Outras provisões	98.276	388.585	-75%
Outras obrigações	134.162	162.472	-17%
Total Circulante	**3.459.826**	**5.807.432**	**-40%**
Exigível de longo prazo			
Empréstimos e financiamentos	-	387.571	n.m.
Debêntures	-	34.609	n.m.
Obrigação por emissão de CCBs e CCIs	-	501.040	n.m.
Obrigações a pagar do plano de recuperação judicial	658.944	-	n.m.
Obrigações por aquisição de imóveis	42.546	34.701	23%
Adiantamentos de clientes	35.309	72.368	-51%
Obrigações fiscais e trabalhistas	1.618	24.667	-93%
Obrigações tributárias diferidas	1.052.318	44.919	n.m.
Outras provisões	564.851	771.313	-27%
Outras obrigações	381.817	386.896	-1%
Total Exigível de longo prazo	**2.737.403**	**2.258.084**	**21%**
Patrimônio líquido			
Capital social	4.917.843	4.917.843	0%
Reserva de capital	1.236.743	1.236.706	0%
Prejuízos acumulados	(9.353.530)	(9.526.750)	-2%
Participação atribuída aos acionistas não controladores	**(29.416)**	**(42.301)**	**-30%**
Total Patrimônio líquido	**(3.228.360)**	**(3.414.502)**	**-5%**
Total do Passivo e Patrimônio Líquido	**2.968.869**	**4.651.014**	**-36%**

Reprodução parcial da página 25 do *Release* publicado pela PDG Realty SA referente ao 4º trimestre de 2017, com o Passivo e Patrimônio Líquido do Balanço Patrimonial, com dados comparativos entre 2017 e 2016.

Como a empresa se financia?

A dívida da PDG baseada em empréstimos e financiamentos com vencimentos no curto prazo ultrapassou R$ 1 bilhão já em 2016, aumentando 7% em 2017. Os compromissos com as debêntures emitidas diminuíram 71% no mesmo período e também para o curto prazo, mas ainda somavam R$ 454 milhões.

No entanto, o principal Passivo Circulante da empresa seguia sendo a "Obrigação por emissão de CCBs e CCIs". CCBs são Cédulas de Crédito Bancário e CCIs são Cédulas de Crédito Imobiliário que as empresas –e mesmo pessoas físicas – podem emitir tendo como contraparte uma instituição bancária.

Em 2016 esse item representava o montante de R$ 1,8 bilhão para a PDG. Mesmo com a redução de quase 40%, essas dívidas de curto prazo ainda representavam R$ 1,1 bilhão, que deveriam sair do caixa no prazo de um ano contábil.

Esse valor é quase o mesmo que a PDG tinha em estoque declarado para negociação no mesmo prazo. A diferença fundamental é que as vendas poderiam não ocorrer, mas as dívidas contraídas não permitiam margem de renegociação. Em função disso, a alavancagem da empresa poderia aumentar para sustentar o funcionamento dos negócios no curto prazo, ou a PDG teria que dispor de parte de seu capital social.

No longo prazo, em função do plano de recuperação judicial da PDG, tanto os empréstimos e financiamentos, como a emissão de debêntures e as obrigações com CCBs e CCIs, não afetarão o caixa da empresa. Porém, as obrigações previstas pelo mesmo plano somavam R$ 658 milhões e as obrigações tributárias diferidas ultrapassavam R$ 1 bilhão.

Se o total do Passivo Circulante da PDG caiu 40% de 2016 para

2017, ficando em R$ 3,4 bilhões, o total exigível de longo prazo aumentou 21% no mesmo período, alcançando R$ 2,7 bilhões – um indicativo de que a PDG estava transformando parte das dívidas de curto prazo em dívidas de longo prazo, por meio de condições especiais previstas na sua recuperação judicial.

PATRIMÔNIO LÍQUIDO

No tocante ao Patrimônio Líquido, que representa o capital próprio que a empresa dispõe para se financiar, a PDG manteve o capital social inalterado entre 2016 e 2017, com R$ 4,9 bilhões. O mesmo se aplica para a reserva de capital, declarada em R$ 1,2 bilhão.

O prejuízo acumulado era o que mais assustava o analista conservador: era de R$ 9,5 bilhões em 2016 e caiu apenas 2% em 2017, para R$ 9,3 bilhões, sendo a participação atribuída aos acionistas não controladores muito pequena, inferior a R$ 30 milhões.

Considerando que o Balanço Patrimonial é como se fosse uma fotografia da empresa ao final de um trimestre contábil, a PDG era uma empresa altamente deficitária, pois o total do seu Patrimônio Líquido era negativo em R$ 3,2 bilhões.

Como é a estrutura de capital da empresa?

A PDG adotou uma política de alavancagem para expandir suas operações em vários estados do Brasil, utilizando capital intensivo para financiar seus empreendimentos. A empresa cometeu erros de avaliação da sustentabilidade do ciclo de alta no mercado imobiliário, cujas vendas são predominantemente dependentes de financiamentos de longo prazo.

A dificuldade em receber à vista por vendas de produtos caros, como são os apartamentos, aliada à pressão para manter as construções em andamento para honrar compromissos com clientes e credores, colocou a PDG em situação de prejuízo no longo prazo, em função do esfriamento do mercado imobiliário motivado pela recessão na economia brasileira.

As construtoras, em linhas gerais, são empresas que dependem de um grande volume de capital, num curto espaço de tempo, para financiar suas operações, ao passo que necessitam ser muito efetivas na gestão para administrar o recebimento tardio de receitas provenientes com a venda paulatina de seus produtos de alto valor agregado – que no caso são imóveis.

DEMONSTRAÇÃO DO RESULTADO DO EXERCÍCIO – PDGR3

A variação em porcentagem da Receita

Por se tratar do último trimestre do ano, os técnicos contábeis da PDG resolveram computar os dados de todo o ano de 2017 para estabelecer as comparações com o ano anterior.

As vendas imobiliárias aumentaram 67% em 2017, colocando no caixa da empresa mais de R$ 450 milhões. Houve perdas de 76% com outras despesas operacionais, que foram compensadas com a queda drástica das deduções da receita, em 92%, permitindo que a Receita Operacional Líquida aumentasse 85% em 2017, chegando aos R$ 458 milhões – um número que demonstrava que o pior momento da recessão econômica no Brasil já passara.

A variação em porcentagem do Lucro

Como o custo dos imóveis vendidos pela PDG em 2017 totalizou R$ 432 milhões, o lucro bruto da empresa resultou em quase R$

DEMONSTRAÇÃO DE RESULTADO (R$ '000) - IFRS	TRIMESTRE			ACUMULADO		
	4T17	4T16	(%) Var.	2017	2016	(%) Var.
Receita bruta operacional						
Vendas imobiliárias	166.671	64.863	n.m.	450.957	270.826	67%
Outras receitas operacionais	2.917	6.432	-55%	13.948	57.804	-76%
(-) Deduções da receita	(2.773)	569	n.m.	(6.652)	(81.401)	-92%
Receita operacional líquida	**166.815**	**71.864**	**n.m.**	**458.253**	**247.229**	**85%**
Custo das unidades vendidas	(177.944)	(284.416)	-37%	(404.844)	(885.788)	-54%
Juros capitalizados	(7.139)	(29.864)	-76%	(27.508)	(87.193)	-68%
Custo dos imóveis vendidos	**(185.083)**	**(314.280)**	**-41%**	**(432.352)**	**(972.981)**	**-56%**
Lucro (prejuízo) bruto	**(18.268)**	**(242.416)**	**-92%**	**25.901**	**(725.752)**	**n.m.**
Margem bruta	*n.a.*	*n.a.*	*n.m.*	*5,7%*	*n.a.*	*n.m.*
Margem bruta ajustada (1)	*n.a.*	*n.a.*	*n.m.*	*11,7%*	*n.a.*	*n.m.*
Receitas (despesas) operacionais:						
Equivalência patrimonial	3.472	764	n.m.	2.679	578	n.m.
Gerais e administrativas	(28.901)	(44.775)	-35%	(134.115)	(202.013)	-34%
Comerciais	(16.662)	(59.347)	-72%	(29.881)	(142.685)	-79%
Tributárias	(13.633)	(7.526)	81%	(29.533)	(15.050)	96%
Depreciação e amortização	(7.554)	(30.589)	-75%	(31.777)	(88.302)	-64%
Outras despesas operacionais	(1.092.569)	(1.933.105)	-43%	(1.577.564)	(3.448.078)	-54%
Resultado financeiro	3.437.377	(261.956)	n.m.	2.727.129	(810.991)	n.m.
Total receitas (despesas) operacionais	**2.281.530**	**(2.336.534)**	**n.m.**	**926.938**	**(4.706.541)**	**n.m.**
Lucro (prejuízo) antes do I.R. e C.S.	**2.263.262**	**(2.578.950)**	**n.m.**	**952.839**	**(5.432.293)**	**n.m.**
Imposto de renda e contribuição social	(1.004.837)	38.310	n.m.	(792.276)	1.351	n.m.
Lucro (prejuízo) dos acionistas não controladores	**1.258.425**	**(2.540.640)**	**n.m.**	**160.563**	**(5.430.942)**	**n.m.**
Acionistas não controladores	22.090	100.849	-78%	12.658	123.125	-90%
Lucro (prejuízo) líquido do período	**1.280.515**	**(2.439.791)**	**n.m.**	**173.221**	**(5.307.817)**	**n.m.**
Margem líquida	*n.a.*	*n.a.*	*n.m.*	*37,8%*	*n.a.*	*n.m.*

(1) Ajustado por juros capitalizados no custo das unidades vendidas

EBITDA	TRIMESTRE			ACUMULADO		
	4T17	4T16	(%) Var.	2017	2016	(%) Var.
Lucro (Prejuízo) antes dos impostos	2.263.262	(2.578.950)	n.m.	952.839	(5.432.293)	n.m.
(-/+) Resultado financeiro	(3.437.377)	261.956	n.m.	(2.727.129)	810.991	n.m.
(+) Depreciação / Amortização	7.554	30.589	-75%	31.777	88.302	-64%
(+) Despesa com plano baseado em ações e PLR	(4)	6.272	n.m.	37	24.366	-100%
(+) Juros financiamento capitalizados no CMV	7.139	29.864	-76%	27.508	87.193	-68%
(-/+) Resultado de equivalência patrimonial	(3.472)	(764)	n.m.	(2.679)	(578)	n.m.
EBITDA	**(1.162.898)**	**(2.251.033)**	**-48%**	**(1.717.647)**	**(4.422.019)**	**-61%**
Margem EBITDA	*n.a.*	*n.a.*	*n.m.*	*n.a.*	*n.a.*	*n.m.*

Reprodução parcial da página 23 do *Release* publicado pela PDG Realty SA referente ao 4º trimestre de 2017, com a Demonstração de Resultado, com dados comparativos entre o 4º trimestre de 2017 e 2016, e os anos de 2017 e 2016.

26 milhões, ante o prejuízo de quase R$ 726 milhões em 2016 – tanto que a DRE não apresentou a variação em porcentagem de tais dados, embora o custo dos imóveis vendidos tenha caído 56% no período.

Apesar do lucro bruto relativamente modesto em 2017, o fato a comemorar foi que a PDG saiu da condição de prejuízo severo anotado em 2016.

Em relação ao lucro líquido de R$ 173 milhões, o resultado financeiro altamente positivo, de R$ 2,7 bilhões – que refletiu a aprovação do Plano de Recuperação Judicial, significando a reversão de multas e juros, além do ajuste do valor das dívidas –, compensou as perdas com as despesas operacionais, gerais e administrativas, comerciais, tributárias, além da depreciação e amortização. Com isso, a margem líquida da PDG em 2017 foi de 37,8%, ante a inexistência em 2016.

A variação em porcentagem da Margem

Desempenho Econômico Financeiro

Margem Bruta

※ Durante o 4T17, a margem bruta permaneceu pressionada, principalmente em função da concessão de descontos para vendas à vista, para acelerar a entrada de caixa para Companhia. No acumulado do ano a margem bruta foi de 5,7%, em decorrência de reversão da provisão para distratos ocorrida no segundo trimestre, e também pela ocorrência de distratos em unidades com margens mais pressionadas no momento da venda.

R$ milhões em IFRS

Margem Bruta	4T17	4T16	(%) Var.	2017	2016	(%) Var.
Receita Líquida	167	72	n.m.	458	247	85%
Custo	(185)	(314)	-41%	(432)	(973)	-56%
Lucro (Prejuízo) Bruto	**(18)**	**(242)**	**-93%**	**26**	**(726)**	**n.m.**
(+) Juros Capitalizados no Custo	7	30	-77%	28	87	-68%
Lucro (Prejuízo) Bruto Ajustado	**(11)**	**(212)**	**-95%**	**54**	**(639)**	**n.m.**
Margem Bruta	*n.a.*	*n.a.*	**n.m.**	*5,7%*	*n.a.*	**n.m.**
Margem Bruta Ajustada	*n.a.*	*n.a.*	**n.m.**	*11,7%*	*n.a.*	**n.m.**

Reprodução parcial da página 17 do *Release* publicado pela PDG Realty SA referente ao 4º trimestre de 2017, com o comentário sobre a Margem Bruta no item sobre o Desempenho Econômico Financeiro, com dados comparativos entre o 4º trimestre de 2017 e 2016, e os anos de 2017 e 2016.

Para analisar aspectos de uma DRE nem sempre é necessário se restringir ao documento em voga, ao menos quando a empresa apresenta de forma detalhada a própria análise dos números, cabendo ao leitor interpretá-la criticamente.

No caso, a PDG foi bem transparente ao afirmar que sua margem bruta seguiu pressionada em 2017, em função da necessidade de conceder descontos para facilitar a venda de apartamentos, aumentando o ingresso de recursos em seu caixa.

Novamente, a pequena margem bruta apresentada pela PDG em 2017 pode ser considerada um avanço em relação ao ano de 2016, quando ela sequer existia. Cabia, portanto, observar se essa margem continuaria crescendo ou ao menos se mantendo positiva nos períodos subsequentes.

DEMONSTRAÇÃO DO FLUXO DE CAIXA – PDGR3

Método utilizado

A Demonstração do Fluxo de Caixa do quarto trimestre de 2017 foi divulgada pela PDG por meio do Método Indireto.

Ciclo Financeiro

Somente com as Publicações Financeiras Padronizadas não temos dados suficientes para calcular o Prazo Médio de Recebimento, o Prazo Médio da Estocagem e o Prazo Médio de Pagamento da PDG no período em questão. Com isso, não podemos determinar matematicamente o seu Ciclo Financeiro, apenas estimá-lo.

Certamente, parte de tais informações – como número de clientes atendidos e total de vendas efetuadas no período estudado – poderia ser obtida no próprio serviço de relações com investidores que a PDG mantém. Mas não é nosso objetivo nos aprofundar nesse aspecto, dado que estamos apresentando uma visão geral da empresa.

Compreendendo o setor de atuação da PDG, sabemos que as construtoras possuem ciclos financeiros prolongados. Vejamos: entre as pesquisas por novos terrenos, a compra de áreas, o desenvolvimento e a aprovação de projetos em diversas autarquias, a construção das torres de apartamentos e todo o conjun-

DFs Consolidadas / Demonstração do Fluxo de Caixa - Método Indireto

(Reais Mil)

Código da Conta	Descrição da Conta	Último Exercício 01/01/2017 à 31/12/2017	Penúltimo Exercício 01/01/2016 à 31/12/2016	Antepenúltimo Exercício 01/01/2015 à 31/12/2015
6.01	Caixa Líquido Atividades Operacionais	252.469	-325.683	768.670
6.01.01	Caixa Gerado nas Operações	-358.075	-2.572.304	-395.162
6.01.01.01	Lucro (Prejuízo) Antes do Imposto de Renda e Contribuição Social	952.838	-5.432.293	-2.800.181
6.01.01.02	Depreciação e Amortização	28.567	88.302	412.194
6.01.01.03	Ganhos/Perdas em Participações Societárias	30.575	43.643	-4.485
6.01.01.05	Despesas Financ. Juros Passivos e Variação Monetária	383.935	843.454	945.343
6.01.01.06	Ajuste a valor justo	-2.983.354	0	-2.752
6.01.01.07	Apropiação de Despesas com stand	1.676	6.607	15.375
6.01.01.08	Despesas com Stock Option	37	1.361	1.430
6.01.01.09	Baixa por impairment sobre ágio, juros e estoque de imóveis	171.958	612.726	286.415
6.01.01.10	Ajustes de Resultado - Marcação a Mercado	0	0	114.181
6.01.01.11	Equivalência Patrimonial	-2.679	-578	-113.380
6.01.01.12	Ajuste a Valor Presente	-9.507	16.761	27.946
6.01.01.13	Provisão para Garantia e Contingências	576.755	664.714	228.489
6.01.01.14	Outros	346.992	-2.310	329.993
6.01.01.15	Provisão para participação nos resultados	0	23.005	8.500
6.01.01.16	Perdas estimadas em créditos de liquidação duvidosa	144.132	562.304	155.770
6.01.02	Variações nos Ativos e Passivos	734.833	2.671.140	2.128.655
6.01.02.01	Operações de Cessão Direitos Creditórios	0	0	76.678
6.01.02.02	Contrato de Mútuo a receber	-305	6.647	-2.642
6.01.02.03	Contas a Receber	1.001.464	2.046.898	2.417.674
6.01.02.05	Impostos a Recuperar	7.287	2.818	40.167
6.01.02.06	Estoque de Imóveis a Comercializar	58.801	509.967	484.460
6.01.02.08	Despesas a Apropriar	-362	-11.220	8.106
6.01.02.09	Conta Corrente com Parceiros nos Empreendimentos	-42.693	22.812	-53.855
6.01.02.11	Debêntures Ativas	0	0	26.634
6.01.02.13	Adiantamentos de Clientes	-26.490	27.383	-267.740
6.01.02.14	Obrigações por Aquisição de Imóveis	47.929	-12.324	-267.789
6.01.02.16	Obrigações Fiscais e Trabalhistas	-51.073	-11.036	-9.534

Nesta página e ao lado, reprodução parcial das páginas 24 e 25 das Demonstrações Financeiras Padronizadas publicadas pela PDG Realty SA referentes ao quarto trimestre de 2017, com a Demonstração de Fluxo de Caixa – Método Indireto, com dados comparativos entre os anos de 2017, 2016 e 2015.

DFs Consolidadas / Demonstração do Fluxo de Caixa - Método Indireto

(Reais Mil)

Código da Conta	Descrição da Conta	Último Exercício 01/01/2017 à 31/12/2017	Penúltimo Exercício 01/01/2016 à 31/12/2016	Antepenúltimo Exercício 01/01/2015 à 31/12/2015
6.01.02.17	Fornecedores	14.044	3.720	-122.656
6.01.02.20	Outras Movimentações	-273.769	85.475	-200.848
6.01.03	Outros	-124.289	-424.519	-964.823
6.01.03.01	Imposto de renda e contribuição social	-40.739	-87.471	-153.201
6.01.03.02	Juros pagos sobre empréstimos	-83.550	-337.048	-811.622
6.02	Caixa Líquido Atividades de Investimento	-61.470	1.018.556	250.294
6.02.01	Aumento (Redução) de Part. em Coligadas e Controladas	7.064	1.023.634	261.111
6.02.02	Intangível	-264	-4.190	-9.760
6.02.05	Aplicações Avaliadas a Valor Justo	0	0	21.017
6.02.06	Aplicações financeiras	-67.911	0	0
6.02.07	Propriedade para Investimentos	0	0	-24.319
6.02.08	Aquisições de imobilizado	-359	-1.195	-63
6.02.09	Venda de imobilizado	0	307	2.308
6.03	Caixa Líquido Atividades de Financiamento	-247.188	-1.095.993	-1.459.136
6.03.01	Captações de empréstimos	70.739	208.074	2.347.309
6.03.02	Amortizações de empréstimos	-317.927	-1.304.067	-4.306.198
6.03.05	Aumento de Capital Social	0	0	10.000
6.03.10	Reservas	0	0	489.753
6.05	Aumento (Redução) de Caixa e Equivalentes	-56.189	-403.120	-440.172
6.05.01	Saldo Inicial de Caixa e Equivalentes	200.973	604.093	1.044.265
6.05.02	Saldo Final de Caixa e Equivalentes	144.784	200.973	604.093

to arquitetônico, incluindo eventuais melhorias no entorno impostas pelas prefeituras locais, obtenção de Habite-se, vendas de imóveis e recebimento pelas vendas, fora os distratos; estamos tratando de um Ciclo Financeiro de alguns anos.

Geração de Caixa

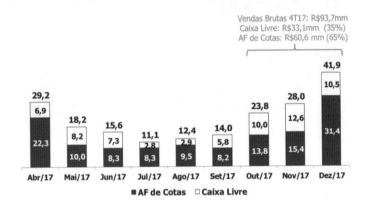

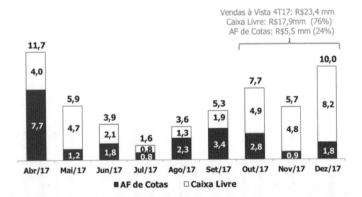

Reprodução parcial da página 9 do *Release* publicado pela PDG Realty SA referente ao 4º trimestre de 2017, com os gráficos da evolução de vendas bruta e à vista da empresa, em milhões de reais, entre abril e dezembro de 2017, refletindo a adoção da nova estratégia.

Além da política de descontos para facilitar a vendas de apartamentos, mencionada anteriormente, a PDG adotou uma nova estratégia de vendas, aumentando o rigor na análise de crédito para vendas a prazo e focando na venda de imóveis à vista, de unidades livres de ônus.

O objetivo da empresa foi reforçar o caixa numa conjuntura de aprovação do Plano de Recuperação Judicial. Dado o registro de lucro da empresa no ano de 2017, como visto na Demonstração do Resultado do Exercício, a nova estratégia de vendas da PDG refletia o compromisso de seus gestores com a efetiva retomada de crescimento dos negócios no longo prazo.

Somente em dezembro de 2017, a geração de caixa livre da PDG com vendas foi de R$ 8,2 milhões, colaborando para o resultado total de R$ 17,9 milhões no quarto trimestre de 2017. Números que dificilmente seriam atingidos se a PDG permanecesse incentivando vendas financiadas de apartamentos.

INDICADORES DE DESEMPENHO – PDGR3

Antes de apresentarmos os indicadores de desempenho da PDG, cabe salientar que o ano de 2017 foi atípico do ponto de vista contábil. Portanto, visando melhor exemplificação, escolhemos os indicadores de 2016, pois os indicadores de 2017 foram impactados por resultados não recorrentes em função do pedido de recuperação judicial.

Indicadores de Produtividade

1. *A gestão do Capex* – no 4º trimestre de 2016 o Ativo Imobilizado da PDG, apontado no Balanço Patrimonial, ficou em R$ 27.640.000, que, somados ao Ativo Intangível (BP) de R$ 107.684.000, resultam em R$ 135.324.000. Esse valor, dividi-

do pela Receita Líquida, declarada na DRE, de R$ 247.229.000, resulta na fração aproximada de 0,5473 ou 55% – um resultado aceitável para uma empresa em processo de recuperação.

2. *A gestão do Capital de Giro* – o total do Ativo Circulante (BP) da PDG no 4T2016 foi de R$ 2.704.206.000. Esse valor subtraído por R$ 5.807.432.000, equivalente ao total do Passivo Circulante (BP), resulta no Capital de Giro negativo de R$ 3.103.226.000. Esse valor dividido pela Receita Líquida (DRE) de R$ 247.229.000 resulta na fração negativa aproximada de 12,55, demonstrando o baixíssimo grau de desempenho da PDG nesse aspecto.

Indicadores de Rentabilidade

1. *ROE* – considerando o ano de 2016, o Lucro Líquido da PDG, apontado na DRE, foi na realidade um prejuízo de R$ 5.307.817.000. Como o Patrimônio Líquido (BP) também ficou negativo, em R$ 3.228.360.000, o resultado é inexistente, quando o recomendável para a margem de segurança seria de no mínimo entre 8 e 10%.

2. *ROIC* – o EBIT ou LAIR em 2016 (DRE) ficou negativo em R$ 5.432.293.000 – o que por si só inviabiliza o cálculo do retorno sobre o capital investido, pois, após os descontos dos impostos, o resultado deveria ser dividido pelo Capital Investido (Patrimônio Líquido mais empréstimos) e, como o Patrimônio Líquido (BP) é negativo em mais de R$ 3,4 bilhões, o ROIC inexiste, quando o recomendável seria um resultado positivo mínimo entre 8 e 10%.

3. *ROA* – tomando o Lucro Líquido negativo em 2016 (DRE), de R$ 5.307.817.000, mesmo com o Ativo total (BP) no 4T2016 da PDG, equivalente a R$ 4.651.014, fica impossível obter uma fração positiva. Logo, este indicador é inexistente.

Indicadores de Eficiência

1. *Margem Bruta* – considerando o Lucro Bruto negativo de R$ 242.416.000 (DRE do 4T2016), não importa mais a Receita Líquida: o resultado é inexistente.

2. *Margem Líquida* – o Lucro Líquido negativo de R$ 2.439.791.000 (DRE do 4T2016) impede a divisão com resultado positivo pela Receita Líquida de R$ 71.864.000 do mesmo período. Portanto, a Margem Líquida é inexistente.

3. *Margem EBIT* – com o EBIT (Lucro antes do I.R. e C.S.) na DRE do 4T2016 sendo negativo em R$ 2.578.950.000, não importa mais a Receita Líquida (DRE) positiva de R$ 71.864.000, pois a Margem EBIT é inexistente.

4. *Margem EBITDA* – em função do EBITDA negativo de R$ 2.251.033.000 apontado na DRE do 4T2016 da PDG, a margem relativa a este indicador é inexistente.

Indicadores Financeiros

1. *O EBITDA* – como visto no item anterior, o EBITDA da PDG era altamente negativo. Isso por si só comprometia outros importantes indicadores financeiros, como a Alavancagem, a Cobertura dos Juros e a Conversão de Caixa.

2. *A Liquidez Corrente* – dividindo o Ativo circulante do BP da PDG no 4T2016 (R$ 2.704.206.000) pelo Passivo circulante do mesmo período (R$ 5.807.432.000), temos o resultado aproximado de 0,4656, quando o mínimo para apontar plena saúde financeira da empresa seria de 1,00.

3. *O Imposto* – o prejuízo acumulado no 4T2016 foi de R$ 2.578.950.000 antes do IR e Contribuição Social, mascarando qualquer tentativa de avaliação deste indicador.

Indicadores Socioambientais

Nos seus informes relativos ao quarto trimestre de 2017 a PDG não destacava os indicadores socioambientais. Isto não significa que eles não existissem, pois estavam subentendidos nas entrelinhas dos documentos. Na página 19 do seu *Release*, por exemplo, lemos o seguinte parágrafo:

"Continuamos realizando ajustes necessários para adequar a estrutura da Companhia a sua operação. No 4T17, reduzimos a quantidade total de colaboradores em 28% em relação ao 3T17. Em relação ao 4T16, a redução foi de 69%."

Ou seja, a PDG demitiu mais de dois terços de seus funcionários em apenas um ano. Realmente, não se trata de um número a ser destacado.

CONCLUSÃO – PDGR3

A PDG é um grande *player* do mercado imobiliário brasileiro, atuando no ramo de incorporação, construção e vendas de empreendimentos residenciais, comerciais e loteamentos.

Em função de seus milhares de clientes e dos milhares de empregos diretos e indiretos que a empresa incentiva, ninguém espera pelo encerramento de suas operações. Os desafios para sua plena recuperação, porém, ainda são grandes.

Se a PDG já demonstrou sinais de recuperação, expressos na reversão parcial de números negativos dos exercícios anteriores, da sua nova política de contenção de gastos e da nova estratégia de vendas, a confirmação de sua retomada ainda pode levar alguns anos.

Portanto, para o investidor de perfil defensivo com foco no longo prazo, em respeito ao critério da margem de segurança, é recomendável que se abstenha de fazer aportes na PDG nessas condições, embora possa acompanhar o desenvolvimento da empresa para rever a posição no futuro.

VII
ESTUDO DE CASO: AMBEV

"Sucesso é um resultado, não um objetivo."

- Gustave Flaubert

SOBRE A EMPRESA – ABEV3

A Ambev (código na B3: ABEV3) surgiu em setembro de 1998 como Aditus Participações S.A., sendo resultante da junção de duas das principais fabricantes de bebidas do Brasil, Companhia Antarctica Paulista, fundada em 1885, e Cervejaria Brahma, fundada em 1888.

O foco de operação da empresa são as cervejas, por meio de marcas populares que, além de Antarctica e Brahma, compreendem ainda a Labatt, Presidente, Quilmes e Skol, entre outras que fazem da Ambev líder em diversos mercados.

Para termos uma ideia da importância dessa parceria entre a Antarctica e Brahma, obtendo amplo domínio do mercado brasileiro de cervejas, a criação da Ambev só foi aprovada pelo CADE – Conselho Administrativo de Defesa Econômica (autarquia federal vinculada ao Ministério da Justiça) – em abril de 2000, após ser verificado que não haveria impacto negativo sobre a concorrência e os consumidores.

No ramo das bebidas, a Ambev atua também com marcas de refrigerantes, não alcoólicos e não carbonatados, tendo o Guaraná Antarctica como carro-chefe, além de deter os direitos exclusivos para distribuir e engarrafar os refrigerantes da Pepsi em todo o Brasil, incluindo o Gatorade desde 2002.

Após uma série de aquisições de empresas em países da América Latina, intensificadas a partir de 2003, a Ambev chegou ao mercado canadense em 2005. De acordo com o *site* de RI da empresa, a Ambev tinha, em 2018, operações em 16 países: Brasil, Canadá, Argentina, Bolívia, Chile, Paraguai, Uruguai, Guatemala, República Dominicana, Cuba, Panamá, Barbados, Nicarágua, Saint Vincent, Dominica e Antigua.

A Ambev também possui uma combinação de negócios com a Interbrew, uma cervejaria belga que, por meio da denominação A-B InBev, tornou-se a acionista majoritária da Ambev, criando um dos maiores conglomerados no mercado mundial de bebidas.

Reconhecidamente um caso de sucesso de gestão das operações, a Ambev possui ações em negociação na B3 de São Paulo e na NYSE de Nova York, Estados Unidos. Entre seus principais investidores estão Jorge Paulo Lemann, Marcel Telles e Beto Sicupira, sócios da 3G Capital, por meio da qual adquiriram também a rede de *fast-food* Burger King, em 2010.

BALANÇO PATRIMONIAL – ABEV3

ATIVO

Onde a empresa investe?

Se vinhos e alguns destilados são bebidas que podem ser conservadas por um longo período de maturação antes do consumo, as bebidas fabricadas e comercializadas pela Ambev – como cervejas, refrigerantes e chás – são produtos perecíveis em curto prazo.

Por isso, impressiona o fato de que a Ambev tivesse no Ativo circulante de seu Balanço Patrimonial relativo ao quarto trimestre

BALANÇO PATRIMONIAL CONSOLIDADO R$ milhões	31 de dezembro de 2017	31 de dezembro de 2016
Ativo		
Ativo circulante		
Caixa e equivalentes de caixa	10.354,5	7.876,8
Aplicações financeiras	11,9	282,8
Instrumentos financeiros derivativos	350,0	196,7
Contas a receber	4.944,8	4.368,1
Estoques	4.319,0	4.347,1
Imposto de renda e contribuição social a recuperar	2.770,4	4.693,7
Demais impostos a recuperar	600,2	729,6
Outros ativos	1.367,3	1.392,2
	24.718,1	**23.887,0**
Ativo não circulante		
Aplicações financeiras	122,0	104,3
Instrumentos financeiros derivativos	35,2	16,3
Imposto de renda e contribuição social a recuperar	2.312,7	4,5
Imposto de renda e contribuição social diferidos	2.279,3	2.268,1
Demais impostos a recuperar	225,0	343,1
Outros ativos	1.964,4	1.973,6
Benefícios a funcionários	58,4	33,5
Investimentos	238,0	300,1
Imobilizado	18.822,3	19.153,8
Ativo intangível	4.674,7	5.245,9
Ágio	31.401,9	30.511,2
	62.133,9	**59.954,4**
Total do ativo	**86.852,0**	**83.841,4**

Reprodução parcial da página 24 do *Release* publicado pela Ambev S.A. referente ao 4º trimestre de 2017, com o Ativo do Balanço Patrimonial, com dados comparativos entre 2017 e 2016.

de 2017 um estoque equivalente a R$ 4,3 bilhões – o que significa que este montante seria desovado num prazo inferior a um ano.

Além disso, as contas a receber da Ambev somavam quase R$ 5 bilhões, referentes a produtos já comercializados. Ao todo, eram R$ 9,2 bilhões de receita esperada no curto prazo, fora os R$ 2,7 bilhões referentes ao "Imposto de renda e contribuição social a recuperar".

Quando nos atentamos para o Ativo não circulante, a Ambev demonstrou sua competência em lidar com as altas cargas tributárias em seu segmento de atuação, ao declarar R$ 2,3 bilhões em "Imposto de renda e contribuição social a recuperar" e R$ 2,2 bilhões em "Imposto de renda e contribuição social diferidos", ou seja, com pagamento protelado, mantendo o capital no caixa da empresa por mais tempo.

O Imobilizado da Ambev somava R$ 18,8 bilhões, o Ativo intangível ultrapassava R$ 4,6 bilhões e o Ágio respondia por R$ 31,4 bilhões, praticamente três vezes o caixa e equivalente de caixa da empresa no Ativo circulante.

O total do Ativo da Ambev em 31 de dezembro de 2017 era de R$ 86,8 bilhões, reflexo da política de vendas à vista da empresa, cuja capacidade de gerir o capital disponível em caixa proporcionava ganhos financeiros refletidos no Ágio do Balanço Patrimonial.

PASSIVO

BALANÇO PATRIMONIAL CONSOLIDADO R$ milhões	31 de dezembro de 2017	31 de dezembro de 2016
Patrimônio líquido e passivo		
Passivo circulante		
Contas a pagar	11.853,9	10.868,8
Instrumentos financeiros derivativos	215,1	686,4
Empréstimos e financiamentos	1.321,1	3.630,6
Conta garantida	1,8	
Salários e encargos	1.047,2	686,6
Dividendos e juros sobre o capital próprio a pagar	1.778,6	1.714,4
Imposto de renda e contribuição social a recolher	1.668,4	904,2
Impostos, taxas e contribuições a recolher	3.825,4	3.378,2
Opção de venda concedida sobre participação em controlada e outros passivos	6.807,9	6.735,8
Provisões	169,0	168,6
	28.688,4	28.773,6
Passivo não circulante		
Contas a pagar	175,1	237,8
Instrumentos financeiros derivativos	2,4	27,0
Empréstimos e financiamentos	1.231,9	1.765,7
Imposto de renda e contribuição social diferidos	2.329,3	2.329,7
Imposto de renda e contribuição social a recolher	2.418,0	
Impostos, taxas e contribuições a recolher	771,6	681,4
Opção de venda concedida sobre participação em controlada e outros passivos	429,1	471,8
Provisões	512,6	765,4
Benefícios a funcionários	2.310,7	2.137,7
	10.180,7	8.416,5
Total do passivo	38.869,1	37.190,1
Patrimônio líquido		
Capital social	57.614,1	57.614,2
Reservas	63.361,2	64.230,0
Ajuste de avaliação patrimonial	(74.966,5)	(77.019,1)
Patrimônio líquido de controladores	46.008,8	44.825,1
Participação de não controladores	1.974,1	1.826,2
Total do patrimônio líquido	47.982,9	46.651,3
Total do passivo e patrimônio líquido	86.852,0	83.841,4

Reprodução parcial da página 24 do *Release* publicado pela Ambev S.A. referente ao 4º trimestre de 2017, com o Passivo e Patrimônio Líquido do Balanço Patrimonial, com dados comparativos entre 2017 e 2016.

Como a empresa se financia?

A Ambev possuía um passivo total de R$ 38,8 bilhões dos quais apenas R$ 2,5 bilhões, menos de 7%, equivaliam a empréstimos e financiamentos de curto e longo prazo.

Tanto no Passivo circulante como no Passivo não circulante, os principais compromissos da Ambev estavam relacionados com os impostos, taxas e contribuições a recolher, somando R$ 11 bilhões – um volume de capital pouco inferior aos R$ 11,8 bilhões que a Ambev devia aos seus fornecedores no curto prazo.

Estes dados refletem dois aspectos importantes na análise contábil da empresa: 1) se a Ambev recebe no curto prazo de seus clientes, ela também paga seus fornecedores no curto prazo; 2) posto que todas as empresas devem impostos, taxas e contribuições sociais, ter estas contas como um dos principais compromissos significa que as operações da Ambev desfrutam de boa saúde financeira.

A boa saúde financeira da Ambev era demonstrada ainda, no longo prazo, com a destinação de R$ 2,3 bilhões na forma de benefícios aos seus funcionários e, no curto prazo, com R$ 1 bilhão reservados para salários e encargos e R$ 1,7 bilhão para distribuição de proventos aos acionistas.

Pesava no Passivo circulante da Ambev uma opção de venda concedida sobre participação em controlada e outros passivos que totalizavam R$ 6,8 bilhões, impactando a gestão do Capital de Giro.

PATRIMÔNIO LÍQUIDO

A Ambev encerrou o ano de 2017 com um Patrimônio Líquido de R$ 47,9 bilhões, ante a quantia de R$ 46,6 bilhões em 2016. Desse montante, menos de 5% refletiam a participação de não controladores na empresa, que respondiam por apenas por R$ 1,9 bilhão.

Numa consulta ao *site* de RI da empresa, vemos que seu Patrimônio Líquido era de R$ 37,5 bilhões em 2012, atingindo o pico de R$ 50,3 bilhões em 2015, de onde se conclui que a empresa vinha retomando seu crescimento nos últimos tempos, apesar das dificuldades econômicas enfrentadas pelo Brasil, que ainda é seu principal mercado.

Veja você mesmo:

http://ri.ambev.com.br/conteudo_pt.asp?idioma=0&conta=28&tipo=43187

Os números, sempre altamente positivos em relação ao capital próprio da Ambev, sinalizam que a empresa é um exemplo de boa gestão.

Como é a estrutura de capital da empresa?

Como já afirmamos antes, a Ambev já nasceu forte, a partir da fusão de duas empresas que disputavam a liderança do mercado de cervejas no Brasil, com importante participação no setor de refrigerantes e outras bebidas.

Essa associação foi benéfica tanto para a Antarctica como para a Brahma, em função da adoção de novas políticas de gestão das operações que fizeram as centenárias marcas se encorpar ainda mais no mercado interno, com viés de expansão para outros mercados.

Quando uma empresa exerce liderança absoluta num segmento de atuação, ela consegue estabelecer melhores margens em seus negócios, impondo políticas de pagamento no curto prazo a seus clientes e fazendo o capital girar mais rápido pelo fato de pagar seus fornecedores com prazos dilatados.

Com isso, a Ambev deu prosseguimento à expansão de suas operações, adquirindo outras empresas nacionais e estrangeiras por meio de capital próprio, com reduzida alavancagem.

Onde a Ambev se implantou, ela levou sua competência gerencial, que ajudou a sanar financeiramente algumas das empresas adquiridas que ainda desfrutavam de potencial econômico.

O conceito de parceria também foi levado para a criação da A-B InBev, de modo que a Ambev não apenas fabrica, vende e distribui bebidas, mas atua com elevada eficácia no mercado financeiro.

DEMONSTRAÇÃO DO RESULTADO DO EXERCÍCIO – ABEV3

DEMONSTRAÇÃO DE RESULTADO R$ milhões	4T17	4T16	12M17	12M16
Receita líquida	**15.027,2**	**13.177,5**	**47.899,3**	**45.602,6**
Custo dos produtos vendidos	(4.988,3)	(4.607,6)	(18.041,8)	(16.678,0)
Lucro bruto	**10.038,9**	**8.569,9**	**29.857,5**	**28.924,6**
Despesas comerciais	(3.168,6)	(3.056,2)	(11.915,5)	(12.010,5)
Despesas administrativas	(1.018,9)	(573,9)	(2.623,8)	(2.166,1)
Outras receitas (despesas) operacionais	450,3	157,9	1.217,3	1.223,0
Lucro operacional ajustado	**6.301,7**	**5.097,8**	**16.535,5**	**15.971,0**
Itens não recorrentes	(27,4)	1.177,9	(108,7)	1.134,3
Lucro operacional	**6.274,3**	**6.275,7**	**16.426,8**	**17.105,4**
Resultado financeiro líquido	(1.247,5)	(908,2)	(3.493,9)	(3.702,0)
Participação nos resultados de empreendimentos controlados em conjunto	(4,9)	(3,4)	(3,1)	(5,0)
Lucro antes do imposto de renda e contribuição social	**5.021,8**	**5.364,1**	**12.929,8**	**13.398,4**
Despesa com imposto de renda e contribuição social	(1.722,5)	(530,3)	(5.079,3)	(315,0)
Lucro líquido do período	**3.299,3**	**4.833,7**	**7.850,5**	**13.083,4**
Atribuído a: **Participação dos controladores** **Participação dos não controladores**	**3.119,4** **179,9**	**4.672,4** **161,4**	**7.331,9** **518,5**	**12.546,6** **536,8**
Lucro por ação ordinária (básico)	0,20	0,30	0,47	0,80
Lucro por ação ordinária (diluído)	0,20	0,30	0,46	0,79
Lucro líquido ajustado do período	**4.505,5**	**3.655,8**	**12.199,7**	**11.949,1**
Lucro por ação ordinária ajustado (básico)	0,28	0,25	0,74	0,75
Lucro por ação ordinária ajustado (diluído)	0,27	0,25	0,74	0,75
nº de ações em circulação (básico)	15.709,0	15.700,4	15.705,8	15.696,6
nº de ações em circulação (diluído)	15.841,2	15.826,9	15.838,1	15.823,2

Reprodução parcial da página 25 do *Release* publicado pela Ambev S.A. referente ao 4º trimestre de 2017, com a Demonstração do Resultado, com dados comparativos entre o 4º trimestre de 2017 e 2016, e os anos de 2017 e 2016.

A variação em porcentagem da Receita

Em sua DRE do quarto trimestre de 2017, a Ambev apresentou

dados comparativos da Receita Líquida com o quarto semestre de 2016, bem como a comparação dos dados anualizados entre 2016 e 2017.

No quarto trimestre de 2016 a Receita Líquida da Ambev foi de R$ 13.177,5 milhões. Já no quarto trimestre de 2017 o valor ficou em R$ 15.027,2 milhões – uma variação positiva em torno de 14%.

Em dados anualizados, 2016 somou para a Ambev uma Receita Líquida de R$ 45.602,6 milhões ante R$ 47.899,3 milhões em 2017, representando uma variação positiva bem menor, de aproximadamente 5%.

A variação em porcentagem do Lucro

Considerando o Lucro bruto entre os últimos trimestres de 2016 e 2017, temos R$ 8.569,0 milhões para o 4T2016 e R$ 10.038,9 milhões para o 4T2017, ou seja: uma variação positiva de aproximadamente 17%.

A comparação entre o Lucro bruto entre todo o ano de 2016 e todo o ano de 2017 apresenta os seguintes números: R$ 28.924,6 milhões para 12M2016 e R$ 29.857,5 milhões para 12M2017 – uma variação positiva de pouco mais de 3%.

Em relação ao Lucro líquido ajustado do período, o quarto trimestre de 2016 fechou com R$ 3.655,8 milhões. Já no quarto trimestre de 2017 o valor subiu para R$ 4.505,5 milhões: uma variação positiva aproximada de 23%.

Considerando os doze meses de 2016 e 2017, o Lucro líquido ajustado do período em 2016 foi R$ 11.949,1 milhões para R$ 12.199,7 milhões em 2017. A variação positiva, neste caso, foi de aproximadamente 2%.

Em linhas gerais, a comparação entre trimestres finais de cada ano teve variações positivas mais acentuadas do que na comparação entre os doze meses de 2016 e 2017.

A variação em porcentagem da Margem

Resultado do Quarto Trimestre e do Ano de 2017
1 de março de 2018
Pág. 2

Destaques financeiros - consolidado R$ milhões	4T16	4T17	% Reportado	% Orgânico	12M16	12M17	% Reportado	% Orgânico
Total volumes	45.358,4	47.430,5	4,6%	3,4%	159.821,7	162.829,4	1,9%	0,9%
Receita líquida	13.177,5	15.027,2	14,0%	14,7%	45.602,6	47.899,3	5,0%	9,6%
Lucro bruto	8.569,9	10.038,9	17,1%	17,3%	28.924,6	29.857,5	3,2%	7,5%
Margem bruta	65,0%	66,8%	180 bps	170 bps	63,4%	62,3%	-110 bps	-130 bps
EBITDA ajustado	6.014,7	7.296,1	21,3%	22,0%	19.483,1	20.147,6	3,4%	7,9%
Margem EBITDA ajustado	45,6%	48,6%	300 bps	290 bps	42,7%	42,1%	-60 bps	-70 bps
Lucro líquido	4.833,7	3.299,4	-31,7%		13.083,4	7.850,5	-40,0%	
Lucro líquido ajustado	3.655,8	4.505,6	23,2%		11.949,1	12.199,7	2,1%	
LPA (R$/ação)	0,30	0,20	-33,3%		0,80	0,47	-41,6%	
LPA ajustado	0,25	0,28	11,0%		0,75	0,74	-1,1%	

Nota: O cálculo por ação é baseado nas ações em circulação (total de ações existentes menos ações em tesouraria).

Reprodução parcial da página 2 do *Release* publicado pela Ambev S.A. referente ao 4º trimestre de 2017, com tabela sobre os destaques financeiros consolidados, com dados comparativos entre o 4º trimestre de 2017 e 2016, e os anos de 2017 e 2016.

O trabalho de análise de variação da Margem da Ambev ficou facilitado com a leitura do *Release* que a empresa publicou após o encerramento do quarto trimestre de 2017.

Em termos gerais, a Margem Bruta da Ambev gira em torno de 64%, sem grandes variações ao longo dos trimestres e mesmo dos anos. Ela foi de 65% no 4T2016 e 66,8% no 4T2017. Considerando os doze meses do ano, a Margem Bruta da AmBev foi de 63,4% em 2016 e 62,3% em 2017. As variações, portanto, ficam abaixo dos 2%.

Considerando a Margem EBITDA (ajustada), a Ambev seguia confortável em torno de 43%, sem variações elásticas: 45,6% para o 4T2016 e 48,6% no 4T2017 – uma variação positiva de 3%. Ano por ano, temos 42,7% em 2016 e 42,1% – uma queda inferior a 1%.

Em suma, a Ambev ostenta margens elevadas e constantes. É uma empresa consistentemente lucrativa.

DEMONSTRAÇÃO DO FLUXO DE CAIXA – ABEV3

Método utilizado

A Demonstração do Fluxo de Caixa do quarto trimestre de 2017 foi divulgada pela Ambev por meio do Método Indireto.

Ciclo Financeiro

O principal produto da Ambev é a cerveja, uma bebida fermentada, assim como o vinho. Se alguns tipos de vinho podem descansar por anos em adegas, a cerveja industrializada é uma bebida perecível, com prazo de validade relativamente pequeno, medido em meses, não em anos.

O mesmo se aplica à maior parte das bebidas da Ambev: refrigerantes, sucos, chás, água. Por não serem bebidas destiladas como cachaça e uísque, vão para o mercado com prazo de validade informado nas embalagens.

Isso pressupõe reposição constante de estoques no comércio, incentivada pelo alto consumo dos produtos. A fabricação de bebidas da Ambev é constante e, como a empresa está entre as líderes nos mercados onde opera, ela impõe a política de recebimento à vista aos seus clientes.

Embora a Ambev não tenha compromissos com seus fornecedores no longo prazo, como exposto no seu Passivo Circulante, dentro do curto prazo de um ano contábil ela tem uma excelente margem de pagamento, de 180 dias após o lançamento das notas fiscais.

DFs Consolidadas / Demonstração do Fluxo de Caixa - Método Indireto

(Reais Mil)

Código da Conta	Descrição da Conta	Último Exercício 01/01/2017 à 31/12/2017	Penúltimo Exercício 01/01/2016 à 31/12/2016	Antepenúltimo Exercício 01/01/2015 à 31/12/2015
6.01	Caixa Líquido Atividades Operacionais	17.874.062	12.344.513	23.580.946
6.01.01	Caixa Gerado nas Operações	20.677.948	19.283.093	21.272.321
6.01.01.01	Lucro Líquido do exercício	7.850.504	13.083.397	12.879.141
6.01.01.02	Depreciação, Amortização e Impairment	3.612.083	3.512.005	3.074.620
6.01.01.03	Perda por impairment nas contas a receber, nos estoques e nas demais contas a receber	156.297	196.548	97.709
6.01.01.04	Aumento/(redução) nas provisões e benefícios a funcionários	168.318	347.146	483.121
6.01.01.05	Resultado financeiro líquido	3.493.896	3.702.005	2.268.203
6.01.01.06	Perda/(ganho) na venda de imobilizado e intangíveis	-49.416	-70.882	-27.858
6.01.01.07	Ganho em permuta de participações societárias	0	-1.239.972	0
6.01.01.08	Despesa com pagamentos baseados em ações	209.260	170.317	197.057
6.01.01.09	Imposto de renda e contribuição social	5.079.298	314.973	3.634.248
6.01.01.10	Participação nos resultados de empreendimentos controlados em conjunto	3.115	4.985	-3.094
6.01.01.11	Outros Itens Não-Monetários Incluídos no Lucro	196.250	-737.429	-1.305.704
6.01.01.12	Perda/(ganho) na venda de operações em associadas	-41.657	0	-25.122
6.01.02	Variações nos Ativos e Passivos	-2.803.886	-6.938.580	2.308.625
6.01.02.01	(Aumento)/redução no contas a receber e demais contas a receber	-265.636	-578.436	-380.775
6.01.02.02	(Aumento)/redução nos estoques	-63.805	-437.052	-681.475
6.01.02.03	Aumento/(redução) no contas a pagar e demais contas a pagar	-105.784	-565.125	5.083.225
6.01.02.04	Juros Pagos	-557.305	-724.873	-257.266
6.01.02.05	Juros Recebidos	337.927	597.714	656.181
6.01.02.06	Dividendos Recebidos	7.284	110.976	14.799
6.01.02.07	Imposto de Renda e Contribuição Social Pagos	-2.156.567	-5.341.784	-2.126.064
6.02	Caixa Líquido Atividades de Investimento	-3.073.002	-5.897.908	-5.997.067
6.02.01	Proventos da Venda de Imobilizado e Intangíveis	101.940	133.621	99.771
6.02.02	Aquisição de Imobilizado e Intangíveis	-3.203.709	-4.132.671	-5.261.228
6.02.05	Aquisição de subsidiárias, líquido de caixa adquirido	-333.284	-1.824.197	-1.212.197
6.02.08	(Aplicação financeira) e proventos líquidos de títulos de dívida	276.927	-37.144	403.755
6.02.09	Proventos/(aquisição) de outros ativos, líquidos	86.221	13	2.011
6.02.10	Proventos da venda de operações em subsidiárias	0	0	94.265

Nesta página e ao lado, reprodução parcial das páginas 27 e 28 das Demonstrações Financeiras Padronizadas publicadas pela Ambev S.A. referentes ao quarto trimestre de 2017, com a Demonstração de Fluxo de Caixa – Método Indireto, com dados comparativos entre os anos de 2017, 2016 e 2015.

DFs Consolidadas / Demonstração do Fluxo de Caixa - Método Indireto

(Reais Mil)

Código da Conta	Descrição da Conta	Último Exercício 01/01/2017 à 31/12/2017	Penúltimo Exercício 01/01/2016 à 31/12/2016	Antepenúltimo Exercício 01/01/2015 à 31/12/2015
6.02.11	Aquisição de outros investimentos	-1.097	-37.530	-123.444
6.03	Caixa Líquido Atividades de Financiamento	-12.864.137	-11.645.142	-15.327.939
6.03.01	Aumento de Capital	0	0	9.873
6.03.04	Proventos/(recompra) de ações	-38.614	386	-824.186
6.03.06	Proventos de Empréstimos	2.904.418	3.791.965	4.964.621
6.03.07	Liquidação de Empréstimos	-5.441.701	-1.896.195	-5.653.033
6.03.08	Caixa líquido de custos financeiros, exceto juros	-1.459.451	-3.207.789	-2.326.927
6.03.09	Pagamento de Passivos de Arrendamento Financeiro	-9.035	-2.908	-8.066
6.03.10	Dividendos e juros sobre o capital próprio pagos	-8.819.754	-10.330.601	-11.490.221
6.04	Variação Cambial s/ Caixa e Equivalentes	538.963	-542.236	1.738.704
6.05	Aumento (Redução) de Caixa e Equivalentes	2.475.886	-5.740.773	3.994.644
6.05.01	Saldo Inicial de Caixa e Equivalentes	7.876.849	13.617.622	9.622.978
6.05.02	Saldo Final de Caixa e Equivalentes	10.352.735	7.876.849	13.617.622

Ou seja, o ciclo financeiro da Ambev, além de ser curto, favorece a empresa, que recebe à vista e paga com prazo de meio ano, deixando seu fluxo de caixa sempre positivo.

Geração de Caixa

Atentando para a segunda linha da Demonstração do Fluxo de Caixa da Ambev, depois do encerramento do ano contábil de 2017, vemos que o Caixa Gerado nas Operações voltou a subir, após a sua primeira queda de receita desde seu primeiro ano completo de operações em 1999, conforme reportado pelo portal G1 (https://g1.globo.com/economia/negocios/noticia/ambev-tem-alta-de-135-no-lucro-liquido-do-4-trimestre-mas-receita-cai-139.ghtml).

Em 2015, o Caixa Gerado nas Operações da Ambev foi de R$ 21,2 bilhões, caiu para R$ 19,2 bilhões em 2016, no auge da crise econômica e política no Brasil, que afetou o desempenho da empresa como um todo, se recuperando em 2017 com o resultado de R$ 20,6 bilhões.

Pulando para a linha final da DFC, temos o Saldo Final de Caixa e Equivalentes, que foi de R$ 13,6 bilhões em 2015, R$ 7,8 bilhões em 2016 e R$ 10,3 bilhões em 2017.

Mesmo para uma empresa do porte da Ambev, não existe aumento de receitas constantes. Se a geração de caixa foi menor em 2016, ela ainda foi muito positiva, proporcionando a retomada do crescimento no ano seguinte.

INDICADORES DE DESEMPENHO – ABEV3

Indicadores de Produtividade

1. *A gestão do Capex* – no quarto trimestre de 2017 o Ativo

Imobilizado da Ambev, apontado no BP, ficou em R$ 18.822,3 milhões que, somados ao Ativo Intangível (BP) de R$ 4.674,7 milhões, resultam em R$ 23.497 milhões. Este valor, dividido pela Receita Líquida, declarada na DRE, de R$ 15.027,2 milhões, resulta na fração aproximada de 1,56, ou 156% – um resultado condizente com uma empresa líder em seu setor de atuação.

2. **A gestão do Capital de Giro** – o total do Ativo circulante (BP) da Ambev no 4T2017 foi de R$ 24.718,1 milhões. Este valor, subtraído por R$ 28.688,4 milhões, equivalente ao total do Passivo circulante (BP), resulta no Capital de Giro negativo de R$ 3.970,3 milhões. Este valor, dividido pela Receita Líquida (DRE) de R$ 15.027,2 milhões, resulta na fração negativa aproximada de 0,26. Desconsiderando a Opção de venda concedida sobre participação em controlada e outros passivos, que somam R$ 6.807,9 milhões, os números serão positivos, pois o total do Passivo Circulante seria de R$ 21.880,5 milhões, que, subtraídos do Ativo Circulante, dariam o resultado positivo de R$ 2.837,6 milhões, que, por sua vez, divididos pela Receita líquida, resultariam na fração positiva e aproximada de 0,19 ou 19%.

Indicadores de Rentabilidade

1. **ROE** – considerando o ano de 2017, o Lucro Líquido da Ambev, apontado na DRE, foi de R$ 7.850,5 milhões. Já o Patrimônio Líquido (BP) ficou em R$ 47.982,9 milhões. Dividindo um pelo outro, temos a fração de 0,1636, ou aproximadamente 16,4% – um resultado ótimo, pois ficou acima de 15%.

2. **ROIC** – o Lucro Operacional de 2017 (DRE), de R$ 16.426,8 milhões descontados do Imposto de Renda e contribuição social (DRE), equivalentes a R$ 5.079,3 milhões, foi de R$

11.347,5 milhões. Este resultado deve ser dividido pelo Capital Investido (Patrimônio Líquido mais empréstimos). O Patrimônio Líquido (BP: R$ 47.982,9 milhões), somado aos Instrumentos financeiros e derivativos, além de Empréstimos e financiamentos descritos no Passivo circulante e não circulante (BP: R$ 2.770,5 milhões), resulta em R$ 50.753,4 milhões. Dividindo R$ 11.347,5 milhões por R$ 50.753,4 milhões, temos a fração de 0,2235, ou aproximadamente 22,4% – um resultado ótimo, pois ficou acima de 15%.

3. *ROA* – tomando o Lucro Líquido de 2017 (DRE) de R$ 7.850,5 milhões, dividido pelo Total do ativo (BP) no 4T2017 da Ambev, equivalente a R$ 86.852,0 milhões, temos o resultado aproximado de 0,0903, ou 9%: um resultado condizente com uma empresa com ativo não circulante elevado, principalmente no valor do imobilizado.

Indicadores de Eficiência

1. *Margem Bruta* – a Ambev teve Lucro Bruto de R$ 10.038,9 milhões no 4T2017, conforme a DRE. Este valor, dividido por R$ 15.027,2 milhões, equivalente à Receita líquida do mesmo período, resulta em aproximadamente 0,668 – ou 66,8%. Números muito bons.

2. *Margem Líquida* – o lucro líquido ajustado da Ambev no 4T2017 (R$ 4.505,5 milhões), dividido pela Receita Líquida da mesma DRE (R$ 15.027,2 milhões), resulta em aproximadamente 0,299 – ou 29,9%. Números igualmente muito bons.

3. *Margem EBIT* – o lucro antes do imposto de renda e contribuição social da Ambev no 4T2017 (R$ 5.021,8 milhões), dividido pela Receita Líquida da mesma DRE (R$ 15.027,2 milhões), resulta em aproximadamente 0,334 – ou 33,4%. Parâmetro que acompanha a Margem Líquida da empresa.

4. *Margem EBITDA* – O EBITDA ajustado da Ambev no 4T2017 não foi especificado na DRE, mas apontado nos destaques financeiros do *Release* relativo ao período, ficando em R$ 7.296,1 milhões. Este valor, dividido pela Receita Líquida da mesma DRE (R$ 15.027,2 milhões), resulta em aproximadamente 0,486 – ou 48,6%. Uma referência de boa margem no mercado financeiro.

Indicadores Financeiros

1. *O EBITDA* – na página 2 do *Release* publicado pela Ambev ao final do quarto trimestre de 2017, há um quadro com os destaques financeiros da empresa, reproduzidos neste livro anteriormente. Por ele vemos que o EBITDA da Ambev no trimestre foi altamente positivo: R$ 7.296,1 milhões. No ano de 2017 o EBITDA foi de R$ 20.147,6 milhões

2. *A Alavancagem* – a somatória dos empréstimos e financiamentos no Passivo do Balanço Patrimonial da Ambev em 2017 foi de R$ 5.396,3 milhões. Este valor, dividido pelo EBITDA anual de R$ 20.147,6 milhões, resulta em aproximadamente 0,2678 – ou 27%. Ou seja: a Ambev tem uma dívida absolutamente controlada, que lhe permite ter uma boa cobertura de juros e ótima conversão de caixa.

3. *A Liquidez Corrente* – dividindo o Ativo circulante do BP da Ambev no 4T2017 (R$ 24.718,1 milhões) pelo Passivo Circulante do mesmo período (R$ 28.688,4 milhões), temos o resultado aproximado de 0,86, quando o mínimo para apontar a plena saúde financeira da empresa seria de 1,00.

4. *O Imposto* – atentando para a DRE do 4T2017, vemos que o valor somado do imposto de renda com a contribuição social da Ambev representa R$ 1.722,5 milhões. Este número, dividido pelo LAIR de R$ 5.021,8 milhões, resulta na fração aproximada

de 0,34 ou 34%, refletindo carga tributária relativamente amena, se comparada com outros setores da economia brasileira.

Indicadores Socioambientais

A Ambev dá tanta importância aos indicadores socioambientais que divulga um Relatório Anual de Sustentabilidade. De acordo com o documento referente ao ano de 2016, por exemplo, a empresa investiu R$ 2 bilhões no Brasil somente nesse período.

A Ambev declara que cada R$ 1,00 investido em seu setor de atuação gera R$ 2,50 para a economia.

Ainda conforme esse relatório, a empresa evoluiu de 17 para 36 diretorias nos anos anteriores, e de 764 para 928 gerentes. Aqui cabe um comentário crítico: até que ponto o aumento desses cargos impacta positivamente nas operações do negócio? Por vezes, eles podem representar apenas aumento de gastos com salários e encargos. Em todo caso, declarar tais números num período de forte recessão como o que o Brasil atravessou gera uma boa impressão.

O relatório é concluído com um capítulo dedicado a um "Mundo Melhor", no qual a empresa expõe suas frentes de atuação, com foco no melhor manejo da água e dos resíduos, com a preservação do clima e o incentivo ao consumo inteligente, com desenvolvimento social. Palavras bonitas, mas difíceis de analisar do ponto de vista estritamente contábil.

CONCLUSÃO – ABEV3

A Ambev é uma empresa exemplar em vários sentidos. Possui ótimos fundamentos refletidos nos seus indicadores de produtividade e rentabilidade. A empresa sabe crescer sem se endividar e atua com boas e estáveis margens de lucro. Em suas quase duas décadas de atuação, sempre apresentou resultados trimestrais positivos.

Por tudo isso, o mercado de capitais já precificou as ações da Ambev no patamar das *Blue Chips*, o que equivale a dizer que as ações da Ambev são caras, especialmente para investidores que focam nos retornos obtidos com os proventos, na forma de dividendos e juros sobre o capital próprio.

A Ambev tem um excelente histórico de pagamentos de proventos aos acionistas. O problema é que depois de tantos anos de valorização das suas ações, elas não oferecem um bom *Dividend Yield* para os novos acionistas da empresa.

Usando como referência o método recomendado por Décio Bazin em seu livro *Faça fortuna com ações antes que seja tarde*, e consultando o *site* Fundamentus, veremos que a Ambev distribuiu R$ 0,54 por ação em 2017, em forma de dividendos e JCP. A cotação da ação da Ambev encerrou 2017 valendo R$ 21,21. O *Dividend Yield* esperado, no caso de algum investidor que comprasse ações por este valor, seria de aproximadamente apenas 2,5%, quando o mínimo, de acordo com Bazin, seria de 6%.

Multiplicando R$ 0,54 por 16,67 teríamos o valor máximo desejado da cotação em aproximadamente R$ 9,00.

Se a Ambev, por esta ótica, é uma empresa cara, devemos esquecê-la? De modo algum. O mercado financeiro é sujeito a ondas especulativas e responde irracionalmente a sinais de crises diversas, muitas vezes de origem externa. As oscilações do mercado podem afetar a cotação de empresas sólidas como a Ambev, sem que seus fundamentos tenham se alterado.

Daí a importância de realizar a análise contábil das empresas, dado que as oportunidades de bons aportes surgem de tempos em tempos.

GLOSSÁRIO

Ação ordinária (ON): ação que permite ao acionista participar das assembleias das empresas com capital aberto.

Ação preferencial (PN): ação sem direito a voto por parte do acionista, que, no entanto, tem a garantia de receber os dividendos estatutários.

Análise fundamentalista: método adotado por investidores que interpretam os fundamentos das empresas por meio de indicadores colhidos em documentos contábeis exigidos pelo mercado de capitais.

Análise gráfica: método para analisar o comportamento das ações no mercado tentando antecipar tendências por meio de movimentos identificados em gráficos que expressam a evolução das cotações.

Análise técnica: vide "Análise gráfica".

Ativos: todos os bens pertencentes a uma empresa, incluindo aplicações financeiras, imóveis, máquinas e equipamentos, veículos, participações em outras empresas e reservas de valor.

Balanço patrimonial: documento contábil que aponta tanto os bens como as dívidas de uma empresa, compreendidos como seus ativos e passivos.

BDR: sigla em inglês para *Brazilian Depositary Receipts*. São classes de valores mobiliários negociados no mercado brasileiro com lastros oriundos de ações estrangeiras. Investir em BDRs é uma forma de diversificar investimentos sem abrir contas em outros países.

Blue Chips: expressão oriunda dos cassinos, onde as fichas azuis possuem maior valor. Nas Bolsas equivalem às ações com maior volume de transações.

Bonificação: evento no qual as empresas distribuem novas ações sem custo para os acionistas, conforme as quantidades de ações que eles já possuem.

Capital: recurso financeiro expresso em moeda corrente. Empresas de capital aberto permitem que o público compre ações por meio do mercado de capitais. O capital de giro equivale ao dinheiro que a empresa coloca em movimento.

Circuit-breaker: mecanismo automatizado que interrompe os negócios nas Bolsas de Valores sempre que os índices de referência sobem ou descem abruptamente em níveis elevados (por exemplo, 10%).

Cotação: preço da ação determinado pelas forças do mercado.

Crash: situação de desvalorização geral e acentuada das ações, responsável pela quebra de vários agentes especuladores ou investidores.

Day-trade: operação especulativa de compra e venda de ativo listado na Bolsa realizada na mesma data.

Debênture: título emitido por empresas para captar recursos no mercado de capitais, com prazos e créditos determinados, sem que seus detentores se configurem como sócios delas.

Desdobramento: vide "Bonificação".

Dívida Bruta/Patrimônio Líquido: indicador fundamentalista que expressa o grau de alavancagem de uma empresa para fazer o giro de capital.

Dividend Yield: indicador fundamentalista que representa em porcentagem a remuneração da ação dividida pela sua cotação, no prazo de 365 dias anteriores à cotação da ação. Por exemplo: no último ano a empresa distribuiu, entre dividendos e JCP, R$ 0,10 por ação. Se a ação está cotada em R$ 1,00, o *dividend yield* equivale a 10%.

Dividendo: parte dos lucros auferidos pelas empresas que será repartida com seus acionistas proporcionalmente à quantidade de ações que possuem.

DRE: sigla para "Demonstração do Resultado do Exercício", documento que informa, em relação a determinado período, se uma companhia obteve lucro ou prejuízo.

EBITDA: sigla em inglês para *Earnings Before Interests, Taxes, Depreciation and Amortization*, que, na sua tradução literal, significa lucro antes dos juros, impostos, depreciação e amortização. Tal indicador fundamentalista também pode ser chamada de LAJIDA.

ETF: sigla inglesa para *Exchange Traded Funds*, que, se fosse posta em prática em português, soaria como FNB ou "Fundos Negociados em Bolsa". Tais fundos, relacionados aos índices, como o Ibovespa, são negociados como ações.

FIIs: sigla para Fundos de Investimentos Imobiliários.

Fluxo de caixa: valor financeiro líquido de capital e seus equivalentes monetários que são transacionados – entrada e saída – por um negócio em um determinado período de tempo.

Futuro: tipo de negociação com prazos e condições pré-determinados, visando à garantia de preços mínimos e protegidos da volatilidade do mercado.

Hedge: operação financeira que busca a mitigação de riscos relacionados com as variações excessivas de preços dos ativos disponíveis no mercado.

JCP (JSCP): sigla para "Juros Sobre Capital Próprio" – uma forma alternativa aos dividendos para as empresas remunerarem seus acionistas, com retenção de impostos na fonte, reduzindo a carga tributária das empresas de forma legal.

Joint-venture: aliança entre empresas com vistas a empreendimentos ou projetos específicos de grande porte.

Liquidez corrente: indicador fundamentalista que expressa a relação entre o ativo circulante e o passivo circulante, demonstrando a capacidade da empresa de honrar compromissos no curto prazo.

Lote: no mercado financeiro o lote equivale a 100 ações como quantidade mínima ideal para compra e venda na Bolsa. Quando um lote é quebrado, as ações são negociadas no mercado fracionário, caso em que algumas corretoras de valores cobram taxas diferenciadas.

LPA: indicador fundamentalista que expressa o lucro por ação.

Margem bruta: indicador fundamentalista que expressa o lucro bruto dividido pela receita líquida.

Margem líquida: indicador fundamentalista que expressa a relação entre o lucro líquido e a receita líquida.

Minoritários: investidores que adquirem ações em quantidades relativamente baixas, que impedem sua participação na gestão das empresas.

Opção (OPC ou OTC): tipo de negociação que garante direito futuro de opção de compra ou de venda com preço pré-determinado.

Ordem: determinação de compra ou venda de ativo no mercado de capitais, que o aplicador comunica à sua corretora de valores para execução.

P/Ativos: indicador fundamentalista que expressa a relação entre o preço da ação e os ativos totais por ação.

P/Capital de Giro: indicador fundamentalista que expressa a relação entre o preço da ação e o capital de giro por ação, que, por sua vez, significa a diferença entre o ativo circulante e o passivo circulante da empresa.

P/VP: indicador fundamentalista da relação entre o preço da ação e o valor patrimonial da ação. Trata-se do indicativo mais claro da existência, ou não, da Margem de Segurança, pois compara diretamente o valor de mercado de uma empresa com o seu valor intrínseco, atrelado ao seu patrimônio líquido.

Papel: equivalente a ação (termo que fazia mais sentido quando as ações eram impressas e entregues ao portador).

Passivos: componentes contábeis das empresas, que representam seus compromissos, obrigações, dívidas e despesas circulantes e não circulantes, como salários de funcionários, empréstimos, tributos, dívidas com fornecedores.

Patrimônio líquido: valor financeiro resultante da diferença entre os ativos e os passivos de uma empresa.

PL (P/L): indicador fundamentalista para a relação entre Preço e Lucro, representando a cotação da ação no mercado dividida pelo seu lucro por ação.

Posição: situação do acionista em determinada empresa ou fundo imobiliário. Quando um investidor zera a sua posição numa empresa, significa que ele vendeu todas as suas ações ou cotas.

Pregão: período de negociações na Bolsa de Valores com negócios realizados eletronicamente. Antigamente os pregões eram presenciais.

PSR: indicador fundamentalista cuja sigla em inglês indica *Price Sales Ratio* e equivale ao preço da ação dividido pela receita líquida por ação.

Realizar lucros: vender ações para converter as valorizações em capital disponível para outros fins.

Resistência: valor historicamente mais alto ou mais baixo atingido pela cotação de determinada ação.

ROE: sigla em inglês para *Return On Equity*. Também é conhecido no Brasil como RPL, ou seja, Retorno sobre o Patrimônio Líquido. Essa métrica indica o quanto uma empresa é rentável, ao relacionar o lucro líquido com o seu patrimônio líquido.

ROIC: sigla em inglês para *Return On Invested Capital*, que em português significa Retorno Sobre o Capital Investido, ou seja, o capital próprio da empresa somado ao capital de terceiros.

SA (S/A): sigla para Sociedade Anônima, comum nas razões sociais das empresas de capital aberto.

Small caps: empresas de porte menor se comparadas com as *Blue Chips*, com baixo volume diário de negociações e pouca liquidez no mercado.

Stop gain: ordem de venda automatizada de uma ação, pré-determinada pelo aplicador junto à corretora de valores, para realizar lucros.

Stop loss: ordem de venda automatizada de uma ação, pré-determinada pelo aplicador junto à corretora de valores, para evitar perdas com quedas excessivas das cotações.

Subscrição: situação que ocorre quando as empresas oferecem novas ações preferencialmente para seus acionistas.

Swing trade: operação especulativa de compra e venda de ativo listado na Bolsa realizada em prazos curtos, que variam de três dias até algumas semanas.

Tag along: mecanismo de proteção concedido aos acionistas minoritários por um empreendimento que possui suas ações negociadas na Bolsa de Valores, caso ocorra um processo de venda do controle para terceiros, por parte dos acionistas majoritários.

Termo: tipo de negócio realizado com pagamento a prazo.

Ticker: código pelo qual os ativos são negociados em Bolsas de Valores. Por exemplo, TIET3 é o código da ação ordinária da Geradora Tietê. TIET4 é o código da ação preferencial da mesma empresa e TIET11 é o código das suas *units*. Já o BDR do *Google* usa o código GOOG35.

Underwrite: ato do investidor de subscrever ações ofertadas pelas empresas.

Units: ativos compostos por mais de uma classe de valores mobiliários, como, por exemplo, um conjunto de ações ordinárias e preferenciais.

VPA: indicador fundamentalista que expressa o valor patrimonial por ação, ou seja: o valor do patrimônio líquido dividido pelo número total de ações.

Envie seus comentários construtivos:
contato@sunoresearch.com.br

Leia também: Guia Suno Dividendos

Projeto Guias Suno: Tiago Reis
Editor: Fabio Humberg
Foto da capa: Jean Tosetto
Diagramação: Alejandro Uribe
Revisão: Humberto Grenes

Dados Internacionais de Catalogação na Publicação (CIP)
(Câmara Brasileira do Livro, SP, Brasil)

Reis, Tiago
   Guia Suno de contabilidade para investidores :
conceitos contábeis fundamentais para quem investe
na Bolsa / Tiago Reis & Jean Tosetto. -- São Paulo :
Editora CLA Cultural, 2019.

   ISBN 978-65-5012-001-6

   1. Ações (Finanças) 2. Bolsa de valores
3. Investimentos 4. Mercado de capitais
I. Tosetto, Jean. II. Título.

19-25337   CDD-332.6322

Índices para catálogo sistemático:

1. Ações : Investimento financeiro : Economia
   332.6322

(Iolanda Rodrigues Biode – Bibliotecária – CRB-8/10014)

Grafia atualizada segundo o Acordo Ortográfico da Língua Portuguesa de 1990, que
entrou em vigor no Brasil em 1º de janeiro de 2009.

Editora CL-A Cultural Ltda.
Tel: (11) 3766-9015
editoracla@editoracla.com.br
www.editoracla.com.br